AF391207

LE SOUVENIR

DE

PIERRE LOUŸS

MCMXXVIII

MERCURE DE FLANDRE

204, Rue Solférino, 204

LILLE

LE SOUVENIR DE PIERRE LOUŸS

LE SOUVENIR

DE

PIERRE LOUŸS

par Maurice Beaubourg, Sylvain Bonmariage, Jean Cassou, René Derville, Fagus, André Fontainas, Gaston Gérardot, Armand Godoy, Fernand Gregh, A.-F. Hérold, André Jeanroy, Frédéric Lachèvre, André Lebey, Jean Lorrain, Camille Mauclair, Fernand Mazade, Jean Monval, Jules Mouquet, Georges Normandy, Jean Royère, Albert Samain, Franz Toussaint, Théo Varlet.

MCMXXVIII

MERCURE DE FLANDRE

204, rue Solférino, 204

LILLE

QUATRE LETTRES INÉDITES
DE PIERRE LOUŸS

5 décembre [1897].

Mon cher Jean,

J'ai été malade, à ne pas quitter la chambre, pendant huit jours. Et tout de même je faisais mes préparatifs de départ. Aussi je ne t'ai pas écrit. J'ai eu tort tout de même; mais plus on a tort, plus on a de bonnes raisons. Tu as dû remarquer cela, toi qui es intelligent.

*Je file, sans finir **La Sévillane**, presque sans attendre Bilitis, ou du moins le lendemain des services. J'ai demandé ma passe à Xau, et j'ai grand hâte d'avoir le mal de mer le plus tôt possible, pour ne plus y penser.*

Nous ne nous verrons presque plus d'ici à l'Exposition. Voici, en effet, mes derniers tuyaux:

Janvier-Avril . . . .   au Caire.
Mai-Juin . . . . . . , ...   Paris.
Juillet-Août . . . .   Une mer.
Septembre . , ...   Paris.
Octobre 98 à Juin 99 . . .   Rastaland

J'ai l'intention de réhabiliter les rastaquouères, qui sont des êtres d'élection... J'aurai (exaucez-moi, Seigneur!) 25.000 balles d'un Xau, Yau ou Zau extrêmement aimable, aux yeux duquel je ferai miroiter un « Outre-mer » un peu moins rasant; et j'explorerai la Guadeloupe, (je ne sais pas si ce mot Guadeloupe te paraît, comme à moi, «femme créole» essentiellement?) j'explorerai, dis-je, Pointe-à-Pitre, Quito, Lima, Cuzco, Chuquisaca, Valparaiso, San Juan, Rosario, Buenos-Ayres et la Terre de Feu...

En juin 99, j'apparais, porteur de diverses castagnettes sud-américaines. Et je disparais à nouveau, tel un songe, vers plusieurs Extrêmes-Orients, jusques à l'aurore de ma vingt-neuvième année, qui verra la fin du siècle, si le bon Dieu y consent.

Voici donc quelques renseignements. Quant aux potins actuels, aucun. Je ne sors point, te dis-je, et n'ai vu que Bonnières.

A toi.

Ecrivons-nous souvent, hein?

PIERRE.

Cher Ami,

Ma porte donne le mi.
C'est te dire qu'il t'est permis
De venir demain, à 2 h. 1/2,
Cigale d'Or! chez moi, fourmi.

Le sens profond de ce discours,
Je vais te le dire clair et court:
Accours
Car je ne pourrai pas aller au d'Harcourt.

Il est possible que j'y aille,
Et si je n'y suis pas, ça n'est pas parce que je travaille!
Mais je suis invité à un dîner familiaille,
Et si je le plaque, c'est parce que je serai une canaille! —
Vaille
Que vaille.
Mais ne m'attendez pas pour la ripaille.

Toi qui es un écrivain fécond...
(Chut! Donne-moi une plus chaste rime, Hélicon!)

Je recommence:
Toi qui es un écrivain immense,
Tu devrais chanter la puissance
De la France
Qui s'avance
Avec une rare incontinence.

Car
Il ne faut pas laisser Jean Aicard
Chanter la prise de Madagascar.
Il faut que tu fasses cela avec art:
Dis les fourgons et les brancards,
Une petite bataille du Makar
(Tu me communiqueras les placards.)

Je suis
Ce que je puis:

PIERRE LOUŸS.

Mon cher Claude.

Te sens-tu le courage
d'écrire en douze jours
un ballet en trois scènes,
30 minutes de musique,
livret de moi-même, titre:
Daphnis et Khloé (avec
un beau K), interprètes :
Daphnis : Emilienne.
Khloé : Khléo de Méro...
Rykainim : Tabounstay;
Théâtre de la Gaî...

Mon cher Jean,

André avait laissé son manuscrit dans une voiture. Moi, j'ai fait pis; j'en ai égaré un qui n'était pas à moi: le carton de ton chapitre est resté dans le fiacre qui m'a conduit hier chez moi.

Je n'ai rien à te dire, sinon que je suis désespéré. Je t'expliquerai, quand je te verrai, quelle grosse contrariété m'a troublé au moment où j'allais arriver à ma porte, au point de me faire oublier le cahier que tu m'avais confié et auquel je tenais tant.

Tu sais combien je suis étourdi, et que j'ai perdu, oublié, brouillé des quantités de choses à moi. J'ai même perdu un paquet de papiers, il y a trois ans, où se trouvait le carnet de mes premiers vers, ce qui m'était le plus cher de tout ce que j'avais fait; mais jamais je n'ai eu d'ennui comme celui d'hier. Je n'en ai littéralement pas dormi.

En outre, je ne sais pas le numéro de la voiture, ni la compagnie. J'ai attendu ce matin jusqu'à midi, espérant que le cocher rapporterait lui-même le carton chez mon concierge. Ensuite, j'ai été chez le commissaire de police de mon quartier, et j'ai fait ma réclamation à la Préfecture.

Dis-toi bien qu'il y a neuf chances sur dix pour que cette réclamation réussisse. Ce chapitre ne peut avoir aucune valeur pour le cocher qui le retrouvera, et il ira certainement au devant d'une récompense en le déposant à la Préfecture, s'il a un doute sur le client qui l'a laissé dans son fiacre. Un billet de banque se garde souvent, mais un manuscrit se rend toujours.

J'aurais pu te laisser ignorer toute cette histoire et attendre que, demain ou après, le service des objets trouvés ait réparé mon inconcevable erreur. Mais comme il y a tout de même une chance pour que mon cocher ait chargé à minuit et demi un autre client, curieux et négligent, qui garderait le carton, j'aime mieux te prévenir le jour même, afin que tu rassembles tout de suite les souvenirs, pendant que tu sais encore, page par page, ce que tu as écrit. Il peut être encore temps pour toi de le refaire. Dans quatre jours, il serait trop tard.

Je suis très malheureux, crois-le, et tu ne le seras pas plus que moi.

P. L.

Ce matin, vers 2 heures.

Mon cher Claude,

Te sens-tu le courage d'écrire en douze jours un ballet en trois scènes, 30 minutes de musique, livret de moi-même, titre: Daphnis et Khloé (avec un beau K), interprètes:

Daphnis: Emilienne.

Khloé: Kléo de Mérode.

Lykainion: Labounskaya.

Théâtre de la Bodinière —?

C'est une idée du jeune Franck que Bodinier charge, paraît-il, d'organiser son spectacle d'ouverture (15 décembre). Mais ne t'emballe pas: les interprètes ne sont pas encore consultées.

Si tu acceptes en principe, réponds. Ne me fais pas imposer Gaston Lemaire, ou tu me revaudrais çà!

Autre chose:

Pourquoi refuses-tu les propositions de faire une suite symphonique sur Pelléas à Londres? Ça ne me regarde pas, mais crois-tu que ce soit une si mauvaise idée?

Tu as évidemment le droit d'interdire, si tu refuses, qu'on la fasse faire par un autre; mais à ta place, ce que je m'en ficherais! Souviens-toi que le vieux misérable a vendu le livret du Vaisseau à M. Tartempion en personne, et sois bien persuadé que pas un contemporain n'est foutu (dirais-je) de te damer le pion là-dessus.

Nous en reparlerons. Si tu es libre ce soir à 5 heures, je serai au Café de Paris, avenue de l'Opéra. Viens exactement, je voudrais causer de tout cela.

Ton inusable

PIERRE LOUŸS.

(Ces quatre lettres nous ont été aimablement communiquées par le poète Armand Godoy.)

LETTRE D'ALBERT SAMAIN
A PIERRE LOUŸS

17 Juillet 1898.

DIMANCHE

Mon cher Louÿs,

*Je ne puis vous dire à quel point je suis heureux de vous admirer
une fois de plus, et de façon différente, dans votre dernier livre que
vous m'avez envoyé, en me gâtant encore, en édition de luxe. J'avais lu
La Femme et le Pantin quand il a paru dans Le Journal, et j'ai éprouvé
une vraie joie de l'avoir ainsi à moi. A plusieurs reprises, pendant que
je suivais avec un intérêt passionné les feuilletons quotidiens, j'avais eu
l'envie de vous écrire, tant j'étais conquis par votre Art. C'était comme
un impérieux besoin de vous le dire, ou simplement de le dire; et je me
rappelle encore dans quelle fièvre d'esprit j'ai dévoré le chapitre où
Concha danse devant les Anglais.*

*Toute la scène qui suit, entre Concha et le Pantin, est absolument
admirable, d'une sensation de vérité aigüe, brûlante à la peau, mordante
au cœur, avec de telles trouvailles, de tels gestes, de tels revirements,
de tels accents — vérités ou mensonges - — arrachés vif au plus profond
de la femme, que je ne vois pas très bien l'équivalent littéraire de
l'émotion âcre, cinglante, haletante et crue qu'elle m'a donnée.*

*Vient ensuite l'épisode de la grille. Quelle atroce psychologie vous
en a donné l'idée? Ici, l'inconscience mystérieuse, retorse, déchirante,
l'insconscience d'enfant, après tout, de la femme a été pénétrée, analysée
par vous avec je ne sais quoi de déconcertant. Toute femme qui vous lira
sera de cet avis; il n'en est point que votre livre ne laissera pas sous un*

inquiétant malaise, et qui, à certaines pages, ne tressailliront comme si elles sentaient vos phrases s'insinuer dans l'ombre jusqu'au plus secret d'elles-mêmes...

Et puis, quel adorable abandon dans votre manière! Quelle grâce comme nonchalante et facile! Je ne crois pas pouvoir relever au long du petit roman une phrase qui donnât, par sa contexture laborieuse, l'impression artificielle et à côté de la chose littéraire, — vous entendez ce que je veux dire. C'est la simplicité même, le récit qui court à son but, sobre, juste, rapide; nul superflu; seulement, de temps en temps, une évocation intense, une image forte ou charmante, un trait qui souligne, inoubliable, une tache de couleur, une odeur, un bout de phrase qui, par l'assemblage des mots mystérieux, — ce qui est votre don magnifique, — donne la sensation du voir, du toucher, du sentir, du caresser...

Impossible maintenant, après une œuvre d'une humanité si récente, d'une si savoureuse actualité de décor, impossible aux bons critiques dont le siège était sans doute déjà fait, de vous enterrer, de vous murer dans les fouilles d'Antinoé, une fois pour toutes. La force de Chrysis, de Bilitis, de Concha, c'est d'être pétrie en vraie et pure argile humaine. C'est la divine et tragique et merveilleuse poupée de la terre. Et qu'on vous laisse lui mettre toutes les robes qu'il vous plaira! Je ne me plains pas des robes, d'ailleurs. Celles de Chrysis et de Bilitis sont dans un beau coffret de bois de cèdre incrusté d'ivoire et d'or, au fond de mon cœur; et quand j'ouvre le coffre, rien qu'à palper la soie fuyante et tendre, froissée aux plis de leurs jolis corps, j'éprouve un des plus délicats frissons que le rêve puisse donner à la chair. Demain, j'y enfermerai la robe chaude et fortement odorante de la petite Concha... Je les baiserai toutes les trois doucement, et je vous remercierai, comme je les aime, infiniment...

Albert SAMAIN.

LE MYTHE D'ORPHÉE

Les poètes sont les plus sensibles des hommes; aussi leur pouvoir était-il grand dans les sociétés primitives, où le sentiment gardait une place prépondérante, surtout dans sa forme instinctive, qui se présentait alliée à presque toutes les opérations de la vie. Bardes, voyants, les poètes jouaient un rôle entre les guerriers et les prêtres, parfois avec les deux. Une existence d'où la Noblesse et la Beauté se trouveraient exclues, cessant de se mettre à l'unisson de la Nature dont les influences s'imposaient, elles aussi, directement, paraissait indigne des dieux pressentis, puis révélés. Ceux qui s'en précisaient les enfants les plus proches possédèrent ainsi leur place longtemps, la maintinrent jusqu'au jour où leurs voix bienfaisantes ne furent plus écoutées; ils désertèrent alors un monde vide, livré aux barbares équivalents de l'autoritarisme et de la révolte, la double force de l'argent et de la violence, également funeste, despotique, sur l'ordre véritable, évanoui.

Anatole France nous a conté, dans une des plus belles fresques de Jacques Tournebroche, le suicide voulu du grand Homère, dépouillé du goût de vivre devant la décadence de sa patrie. Précédemment, malgré cette maîtrise effective que l'Art confère à ses élus, Orphée, son œuvre une fois faite, disparaît, écartelé par les Ménades. Derrière elles, le goût croissant du symbolisme ne serait-il pas en droit d'y voir les passions mêmes dont sa lyre s'était servie, retournées contre sa personne, parce qu'il ne parvenait plus à les vaincre?

Quoi qu'il en soit, la légende du poète déchiré par l'éternel féminin demeure; et ceux qui savent la vie de Pierre Louÿs se persuadent qu'il l'a renouvelée, à son tour, plus qu'aucun autre.

Sans aller jusqu'à se le dire, il semble qu'il s'en soit toujours douté. On en devient sûr en lisant *Aphrodite* avec un peu de réflexion; plus encore, quand la *Femme et le Pantin*, sous le signe du tableau de Goya, cerne davantage le problème rendu plus direct, plus cruel. *Pausole* paraît proposer la délivrance: ce n'est, en réalité, qu'une capitulation devant l'inéluctable; l'auteur oublie son délicieux *Journal* d'adolescent; la vie, — croit-il, — lui a enseigné qu'il ne faut plus suivre l'éveil naturel qui s'y élève. Il tente un essai suprême avec *Psyché*, mais afin de se prouver de nouveau, par d'autres voies, que ce qui eut, justement, préparé la renaissance, demeure, à la façon du reste, tributaire du Temps, qui ne permet pas que durent, tout à la plénitude de leurs ivresses premières, les élans du cœur; — tributaire du corps, loin duquel elle n'est rien, ou se volatilise, sans se réaliser, l'âme, comme lui, que l'inconnu neuf sollicite sans fin, puis renouvelle, cherche indéfiniment ailleurs la communion plus parfaite, ou simplement différente, la connaissance, la possession, la volupté, parce qu'elles la libèrent en la rendant infidèle, sinon à elle-même, du moins à ce qu'elle commence d'avoir aimé.

Il ne reste que la chair, — le *physique*, dit Buffon, à qui la préface d'*Aphrodite*, — au *Mercure de France*, d'abord, avec le titre *L'Esclavage*, — se réfère, en donnant le conseil de rallier une pareille sagesse.

Cette chair, réduite de la sorte, ramenée à elle seule, vite dominatrice, devient tyrannique, plus dévastatrice, plus triste, bientôt, que le sentiment, qui, lui, du moins, fait se souvenir. Or, la vie consciente ne serait-elle pas une lutte contre l'oubli, — combats dont elle compose les matériaux de sa victoire, peu à peu, de manière à mieux envisager les chances de son action? La matière, tout à l'opposé, est oubli; et le repos de l'oubli, au fur et à mesure que son besoin s'accroît, mène au désastre, prépare la mort. Dans l'admirable sonnet *Cléopâtre*, c'est parce que la reine d'Egypte ne s'est pas rendu compte du souci que prenait l'épervier noir de la cacher à ses dieux, qu'elle descend progressivement l'escalier du destin, tout en s'imaginant y demeurer souveraine : à la fin, sur la dernière marche, seule au bord de l'abîme, elle verra luire, sombre dans l'eau du Nil, le reflet de son diadème, et il lui offre comme salut l'aspic, non plus immortel, mais vivant, qui la délivrera de la défaite expiatoire.

La couronne des poètes est intérieure. Plus ils ont de talent, plus ils accumulent de conscience littéraire, moins les chaussées d'asphalte dans les villes, moins les ruisseaux, seraient-ils d'Alphée inattendu, providentiel, dans la dernière campagne encore vierge, ou seulement silencieuse, ne la leur réfractent. Plus ils sont grands, moins ils en prennent cure. Il n'est que la Mort pour sceller définitivement de laurier leur front pâle. Aussi le Malheur, après toutes les malchances, — souvenons-nous du *Guignon*, de Mallarmé, — achève-t-il, jusqu'à le submerger, leur Destin déjà difficile, au fur et à mesure qu'ils s'isolent trop haut, loin de la vie courante, dans une ombre nocturne fermée, insuffisamment ouverte, en dépit de ses trésors personnels, à la lumière des astres, à l'air de l'espace infini.

Quant à cette tiare invisible, dont la Muse seule avait connaissance, elle n'exige aucun serpent ; elle ne cache sous ses gemmes que des poisons subtils, dangereux, qui décomposent lentement celui dont le désespoir, en l'arrachant de sa tête, pour se résigner, commence un lent suicide.

Les amis, — il y en eût, et qui ne furent pas que deux, comme les Dioscures, — acharnés à sauver, souvent malgré lui, l'enfant divin, rencontrent des obstacles sans cesse accrus. Ils ont tout contre eux : les femmes, qui n'admettent pas ce salut, ou le récusent et, ensuite, le combattent pour bien des raisons, où le cœur évite de tenir la meilleure place ; — les passions les plus hésitantes, les plus désordonnées tour à tour, du patient lui-même, mais devenues implacables au point de paraître la condition même de ce qui subsiste encore d'esprit dans le corps délabré ; — la pensée intermittente, brusquement illuminatrice, longuement obscurcie, presque immanquablement rendue timide après ses éclats que la maladie entretient, exaspère ou accule; l'ingratitude, l'indifférence, le blâme, enfin l'horreur d'une société chaque semaine plus vile, où il s'avère que le Mal seul ait droit de cité, cette décadence égale d'un être et d'un milieu comme aidée par la lâcheté de ceux qui auraient le plus d'intérêt à l'interrompre, ne serait-ce que pour sauver un de ses plus remarquables enfants.

N'est-ce pas, Claude Farrère? N'est-ce pas, Fernand Gregh, — vous qui tentâtes tout?

N'est-ce pas M. Guichard?...

Les poètes et les écrivains, — ceux, du moins, qui gardent à l'amitié tout son autel, — sont aussi désarmés dans cette société-là que les anciens se trouvaient à même d'être entendus aux premières aubes sociétaires. Tous et toutes s'appliquent à les séparer de celui qui n'avait qu'eux pour se ressaisir; tout aussi, jusqu'à cet oubli entretenu par ses mauvaises gardiennes; car si Pierre Louÿs a été dévasté, puis tué, comme Orphée, par les Ménades, — aucun doute à ce sujet, aucun démenti possible, d'autant moins que je raconterais, en ce cas, de quelle façon, les noms écrits, les témoins cités; du fait, encore, que nous serions trois à rédiger ce beau livre, poignant, terrible, où s'inscrirait comment on assassine un grand littérateur au XXe siècle, dit de civilisation! — il fut blessé, dès l'éveil, par l'incapacité de la société moderne à accepter, ou, plus exactement, à subir, le poète tant qu'il se maintient, — condamné sans rémission, à moins qu'il ne capitule. La sensibilité qui préparait les moyens de sa victoire, autrefois, décide aujourd'hui de sa défaite et la précipite. Le milieu où il se débat, de plus en plus mauvais, par conséquent de plus en plus incompréhensible pour lui, traverse de flèches incessantes son cœur pantelant: s'il se livre au pire, c'est que celui-ci n'a cessé de vaincre. Ce qu'il y a d'innocent dans le plaisir lui saisit la main pour le mener au vice, qui ne lâche plus sa proie.

Comment pourrait-il en être autrement?

C'est une idée du jeune
Franck que Boditier
charge, paraît-il, d'or-
-ganiser son spectacle
d'ouverture (15 décembre).
_ Mais ne t'emballe pas :
les interprètes ne sont pas
encore consultées.

Si tu acceptes en prin-
cipe, réponds. Ne me fais
pas imposer Gaston Cemain,
où tu me revaudrais ça !
Autre chose :
Pourquoi refuses-tu

Rien qui ne soit passivité en face du régime faux établi, progressivement vulgaire, de plus en plus hypocrite, définitivement perfide, infect. Lui, au contraire, irrésistiblement sincère, faute de n'exister plus, reste pareil. Contre l'illusion qui paraît le réel, il ne peut pas ne pas dégager, — serait-ce en n'apprenant même point qu'il proteste, suprême artifice de spontanéité totale, plus personnelle, — la donnée essentielle qu'il porte en lui, la seule à ses yeux et qui figure, peut-être, chez cet interprète de l'avenir encore voilé, celle dont le monde a besoin pour continuer, sans laquelle il arrêterait l'expression rénovatrice des interprétations successives.

Même quand il se retourne vers l'enchantement du passé, c'est pour dire avec plus de fraîcheur ce qui manque à la vie heurtée, insatisfaite, de ses contemporains. Prêtre d'Hercule au lac Stymphale, son arc ne se repose qu'après avoir abattu les oiseaux funestes qui ne permettaient plus à l'eau plate engourdie de mirer les cieux, de cueillir les nuages, de se donner au soleil, de s'offrir au vent. Contre l'immobilité qui tarirait, en les pourrissant, toutes les fontaines, il va jusqu'à leurs sources. Il est la vie. Un regard aussi clair que le sien, par le don même qu'une fée inconnue lui conféra de naissance, reste toujours beau, contemplerait-il le plus regrettable péché. Il découvre, en tous lieux, l'harmonie des contraires, de même que l'aube, en ressuscitant celle des couleurs disparates, les assemble par sa clarté supérieure. Il n'existe pas de ténèbres qu'il n'évapore en les élevant jusqu'à lui. Sa prescience anticipe sur le temps à l'heure où ceux qui n'ont pu le suivre, satisfaits de chimères éteintes, le certifient attardé. Son imagination productive ne s'éloigne d'un réel épuisé que pour mieux tout embrasser, vers l'avenir que sa fantaisie aide à éclore; au bras de la Mémoire, elle sème la réalité de demain. « Quiconque vit, doit être mort », dit la Bible, quelque part. Il n'est mort à ceux qui ont fait leur séjour d'ossuaires stériles que pour exister dans la plénitude d'Apollon. Les choses, selon le mot de Kant, se conforment à l'entendement de l'élu, qui retrouve par sa propre genèse, où l'instinct et l'intelligence se joignent, les sucs mystérieux de la pérennité vitale.

Les aveugles, amoureux constants de leur cécité, qui s'interdisent l'intuition profonde dont ils ne cessent guère d'entendre en soi le murmure, le décrètent rêveur ou nonchalant, alors que ce rêve et cette langueur apparente dissimulent, en le défendant des intrus, innombrables une fois que la gloire a passé un seuil, le contraire de l'indolence, où Fichte découvrait la clef du péché originel. L'infatigable chercheur perce de toutes parts les vieilles murailles, ouvre sur les quatre points cardinaux des fenêtres aux verres multicolores, merveilleux, délivre les aspirations refoulées, puis les précise pour leur éviter de rester prisonnières. L'argonaute, au vent de sa nef, dont la proue coupe toutes les mers, bondit sur tous les flots. Immobile, cloîtré dans le haut petit hôtel rouge de Boulainvilliers, l'ermite, en partie délaissé, s'affirme le pèlerin méditatif de toutes les routes intellectuelles que sa gnose secrète fait correspondre sur une carte cosmique. Mais sa sensibilité le désarme; elle le propose, par toutes les surprises, à des pièges si grossiers que son génie généreux ne pourrait même les concevoir. A force de suivre l'escarpement des altitudes que son âme lui ordonne, ou, revenu sur la plaine, d'entendre palpiter une aile derrière l'aventure banale, déjà parée du fait qu'il l'a faite sienne, les plus détestables équivoques, agencées par les griffes sournoises de la méchanceté, de la cupidité et de la ruse, fréquemment réunies, tissent leurs toiles mortelles d'araignée. Là où il s'enchante d'une sollicitude, c'est attente patiente d'héritage. Tandis qu'il s'exalte, on guette. Pendant qu'il respire cette odeur de l'Amour dont il a parfumé la tombe de Jean Second, le besoin de l'argent, l'espoir d'une fortune livrent les yeux humides de tendresse, les seins gonflés. Cette femme d'où surgit une déesse est une garce; cette consolatrice, une abominable mégère. Ce grand homme d'Etat, dont on exhume un Zeus, un gnome bavard, de carton. Ce médecin distingué, si savant, se montre un incapable au diagnostic incomplet, arrêté. Ces amis des jours solaires, las des soirées sombres, s'évanouissent un à un, obscurément, avec désinvolture, même ce peintre, si voisin, qui n'a que deux pas à consentir pour lui valoir une heure moins douloureuse!...

Dérouté, miné de cent côtés, désespéré, furieux, stupéfait surtout de tant de traîtres qu'il avait faits siens pour les aimer toujours, il s'arrache aux fantômes nourris de sa substance, afin de retrouver le bon sens dont ils s'appliquent à lui faire perdre jusqu'à la notion. Trop tard! Ils le tiennent. Il fuit quand même, retranché au puits inaccessible de la veille qu'entretient son large front, persuadé désormais par les suites de tant d'avortements et d'échecs, qu'un des buts de l'Avenir, dont il vit les feux, dont il entretint les flambeaux, est une période d'art. Trop tôt! Il s'agirait d'attendre en paix; et le démon qui ronge déjà ses jours ne pardonne plus.

Réfugié dans les livres, il réunit les plus rares, architecte spirituel du chef-d'œuvre qu'est, d'une autre manière, la bibliothèque incomparable d'où l'écrivain laisse tomber, par les résultats de sa piété, quelques-uns des silences que n'ont pas interprétés ses livres: inuile, elle se dispersera d'abird au hasard; et il n'est même pas sevré de l'affreuse angoisse de le pressentir. Parti, sans retour possible, il persévère, exilé trop en avant, trop loin, trop haut! L'envie de vaincre coûte que coûte le ressaisit, fiancé jusqu'au martyre aux exigences évidentes d'une époque qui les distingue de moins en moins. De plus en plus solitaire, il découvre des liens invisibles, sans sentir ceux qui l'ont rivé à jamais. Il croit seules existantes les images devenues ses uniques réalités, bien qu'en les superposant à ce qui lui reste, il perde pied, puis chancelle. Partout, suivant le mot de Platon, l'Eros qui l'attire lui apparaît le même, tandis qu'il cède le jardin au linceul de la dernière Parque. La Mort, qui l'a déjà mené par anticipation dans la zone des heures où l'immanence de la personnalité apparaît double, comme si elle ne se trouvait pas tout entière là où elle se place, ne peut l'arrêter dans l'accomplissement de la survivance désolée, mais sereine, au long de laquelle il monte vers son propre holocauste. Trop courageux pour la craindre à aucun moment, il ne s'en souvient qu'à la dernière heure, quand l'arrêt sonne, formel; et il la regarde fixement, de même qu'il l'a rappelé pour Heredia, la plume, sous l'avertissement de sa fin prochaine, au sonnet d'*Ajax*. Elle l'atteint. Elle le cueille. Elle le prend.

Elle ne le garde pas.

Alors, — alors seulement, — au froid dont il est saisi, précurseur des Erynnies prêtes, vouées aux misérables qui ont hâté cette fin, le Monde se rend compte, tout à coup, qu'en n'ayant ni défendu, ni gardé, un de ses meilleurs Ariels, scrupuleux, désintéressé, vivant, il s'est livré à Lucifer dont les ailes, comme tout ce qui dispense le Mal à la terre au nom d'une conception seulement abstraite, fût-elle d'idéal, gelaient de leur battement morne, ainsi que l'a vu dans l'*Enfer* l'Alighieri, jusqu'à l'eau pourtant oublieuse, — au moins avant un pareil crime, — du Léthé.

30 août 1927.

André LEBEY.

PIERRE LOUŸS
UN PEU DE SA FIGURE

Des souvenirs sur Pierre Louÿs! Tout une personnalité exquise surgit en ma mémoire, ainsi que je me le rappelle aux premiers jours où je l'ai vu. Ce devait être, je pense, dans le vaste, clair cabinet de travail où José-Maria de Heredia mêlait, chaque samedi, à nombre de ses vieux amis, de ses contemporains, une cohue bruyante de débutants respectueux et de jeunes, leur manifestant un intérêt extrêmement empli de sympathie, en dépit des réserves qu'il faisait sur leurs recherches, en dépit des véhémentes, mais très cordiales querelles où se dépensaient contre eux les inépuisables ressources de sa verve érudite.

Pierre Louÿs entre ces jeunes gens était, à coup sûr, un de ceux que Heredia chérissait. D'abord, il était un des plus jeunes, des plus déférents, un de ceux dont le talent nouveau, déjà ferme et très formé, s'éloignait le moins de sa conception classique, romantique ou parnassienne de la poésie lyrique. Et puis il connaissait à merveille Théocrite, Lucien de Samosate, Sappho, les petits maîtres de l'Anthologie; et il savait par cœur Hugo à peu près tout entier.

Son aspect extérieur n'était pas moins séduisant que la nature de son esprit. Un beau visage un peu pâle, à la fine moustache naissante, deux grands yeux charmés, chargés d'une douce ironie tempérée de sérénité, une régularité de traits encadrés par la courbe double de sa chevelure en bandeaux, vers les oreilles; des lèvres admirablement dessinées, point trop larges, glissant mollement aux commissures; un nez très net, aux narines un peu sensuelles; un menton de volontaire. Ce beau visage d'éphèbe pensif, à peine mélancolique ou parfois illuminé d'un éclat de gaieté juvénile, surmontait un corps de grandeur moyenne, flexible, onduleux, pur, aux membres bien proportionnés, avec des mains longues et délicates, fort soignées.

Je goûtais sa parole aux sonorités voilées, même lorsque, précipitée, elle s'assourdissait dans la confusion de syllabes qui se heurtaient; je la goûtais parce qu'elle aussi était mesurée, contenue, d'un ton d'aisance et de distinction très personnelle. La simplicité de ses vêtements, beaucoup plus soignés qu'il ne nous était en général habituel, était d'un goût toujours parfait. Même dans quelques circonstances où elle ne manqua point d'apparaître recherchée, elle était encore si bien calculée et si conforme à ce qui le plus harmonieusement convenait à son apparence, qu'on ne lui eût pu reprocher rien de théâtral ni de déplaisant.

A une époque où les vernissages des Salons de Peinture constituaient un événement mondain capital, il apparut une fois, pantalon gris, redingote de coupe désuète, cravate de soie noire nouée d'un triple tour, gants clairs, badine à la main, et chapeau de très haute forme, non point l'image ressurgie d'un dandy de 1835, mais comme s'il eût été Alfred de Musset lui-même, et, tout naturellement, le *lion* de la saison. Pourtant il ne jouait pas un rôle, il n'affectait point une attitude; il était si bien lui qu'on n'aurait pas cru possible qu'il fût autrement. On le vit, on l'admira; et cependant, selon le vœu ou la prescription de Brummel, il était si suprêmement élégant qu'on aurait fort bien pu ne pas le distinguer, ne pas s'en apercevoir.

Tout le monde apprécie cette longue, ample et belle écriture qu'il s'était, débutant, forgée, et qu'il conserva jusqu'au dernier jour. Elle lui ressemble de tous points comme elle ressemble à son art. A l'origine, une volonté têtue de déterminer à son usage exclusif un domaine de beauté qu'il mettra, seul, selon un dessein très réfléchi, en pleine valeur. Et puis une aisance si noble et à la fois si familière dans tous ses gestes, dans la moindre de ses paroles, dont aucune n'est cependant négligente ou hasardée, qu'on ne saurait s'empêcher d'être émerveillé de ce que ces gestes ou ces paroles révèlent de pureté, de naturel, de souveraine grâce: toujours nécessaires et les plus essentiels.

J'aurais pu évoquer maintes minutes de rencontres heureuses, des échos de conversations, des souvenirs plus précis, des anecdotes. J'ai préféré m'essayer, ce matin, à fixer quelques particularités ou l'ensemble d'une physionomie prenante et inoubliable, que j'ai, sa vie durant, retrouvée en sa personne, en ses écrits, dans ses œuvres, dans les lettres précieuses qu'il m'a parfois adressées. Ceux qui l'ont connu et fréquenté dès sa jeunesse l'y reconnaîtront-ils tel que dès lors il m'a charmé et touché? Je le désire.

André FONTAINAS.

SUR PIERRE LOUŸS

Que vous dirai-je de Pierre Louÿs?

C'était mon ami, c'était mon voisin; c'est lui qui, complaisant et de bon conseil comme toujours, m'avait indiqué en 1903 la maison du Hameau Boulainvilliers, proche de la sienne, où je vis, et qu'avait désiré habiter Claude Debussy.

Louÿs avait tout lu; il savait tout. Sur son lit de malade, il avait toujours vingt revues, et non pas seulement littéraires; il faisait partie, si je ne me trompe, de la Société Astronomique, et de la Société des Antiquaires qui, comme on le sait, est une société d'archéologie; il s'intéressa, l'un des premiers écrivains après Rosny, à la préhistoire. Les marines du monde entier n'avaient pas de secret pour lui; il m'avait initié au Ballaincourt, qui en est l'annuaire. Sa bibliothèque contenait des merveilles dignes de la Nationale ou du British. Bref, l'un des hommes les plus ouverts, les plus cultivés, les plus passionnés de savoir et de comprendre que le monde ait produits. On a bien vu, par la publication de son *Journal*, quel esprit ardent, croyant à l'art, presque naïf dans son amour du beau, — naïf au grand sens où l'entend Chénier, *nativus*, — il portait en lui, sous les apparences de la meilleure éducation, qui semblerait toujours s'accompagner d'un peu de scepticisme.

C'était un vrai artiste, c'était un grand artiste.

Fernand GREGH.

les propositions de faire
une suite symphonique
sur Pelléas à Londres ?
Ça ne me regarde pas,
mais crois-tu que ce soit
une si mauvaise idée ?

Tu as évidemment le droit
d'interdire, si tu refuses,
qu'on le fasse faire par
un autre, mais à ta place,
ce que je m'en ficherais !
Souviens-toi que le vieux
misérable a vendu le livret
du Vaisseau à M. Tartempion
en personne, et sois bien

SOUVENIRS SUR PIERRE LOUŸS

La première fois que je rencontrai Pierre Louÿs, ce fut chez Ferdinand Hérold, l'excellent poète et dramaturge que l'on sait. Dans le rez-de-chaussée que celui-ci habitait à cette époque rue Greuze, fréquentait une partie de l'Académie française d'alors et d'aujourd'hui: José-Maria de Heredia, Henri de Régnier, Valéry, etc... Pierre Louÿs y venait souvent, accompagné de Jean de Tinan et d'André Lebey qui fut député, mais est redevenu poète. Et parmi les membres de la Ligue des Droits de l'Homme, chère à Hérold, Francis de Pressensé, et un autre poète, l'helléniste Pierre Quillard, un des hommes les plus francs, les plus nets et les plus braves que j'aie jamais rencontrés.

Si rien n'annonçait à ce moment la destinée « immortelle » de Paul Valéry, Pierre Louÿs par contre, auteur des *Chansons de Bilitis*, bientôt d'*Aphrodite*, semblait déjà promis à toutes les immortalités. Il parvient enfin à la vraie, celle que distribue la postérité.

Aucun rapport d'ailleurs entre ces deux écrivains, qui venaient de se lier à la suite de leur rencontre à Montpellier.

L'un, entré comme poète à l'Académie, restant, à mon sens, surtout le parfait prosateur et logicien de *La soirée avec Monsieur Teste* et de l'*Introduction à la Méthode de Léonard de Vinci*. L'autre, que ses œuvres de prose avaient rendu célèbre, incroyablement poète déjà dans celles-ci et laissant quelques vers qui sont parmi les plus exquis de couleur, les plus artistes, les plus prenants et les plus chantants de toute la poésie française d'aujourd'hui.

L'un voyant uniquement en art des **hommes, penché** scientifiquement sur eux ainsi que l'entomologiste Fabre sur ses insectes: « *Les œuvres m'apparaissent comme les résidus morts des actes vitaux d'un créateur.* » L'autre proclamant au contraire l'existence effective, indépendante, de ces œuvres, éternellement jeunes et agissantes, leurs créateurs eux-mêmes étant passés depuis longtemps à l'état de résidus. Son fameux: « *Le verbe seul est illustre* » témoigne assez de cette opinion.

Je veux bien qu'il n'entendît pas alors « verbe » au sens (émanation divine) de l'Ecriture: « *Le verbe s'est fait chair et est descendu parmi nous* »; qu'il le vît plutôt incarné, synonyme parnassien de *mot*, de *parole*, de *forme;* et s'écriât même par espièglerie: « Balzac-le-Grand », en parlant de Guez de Balzac, pour faire pièce au puissant et génial peintre de *La Comédie humaine*, dont le style sans doute ne le touchait pas.

N'empêche que si « *le verbe seul est illustre* », l'individu qui le créa disparaît derrière lui; et que si l'auteur de *Psyché*, n'étant pas encore né, ne pouvait encore disparaître, il n'est point téméraire de penser pourtant que son art, évoluant de façon insensible et passionnante du dehors au dedans, du monde des formes à l'âme, de *Bilitis* et d'*Aphrodite* à cette *Psyché*, allait l'emporter comme malgré lui, vers les régions infiniment plus hautes, sereines, inaccessibles du « verbe » retrouvant enfin sa spiritualité, de l'être aspirant l'idée, sur les ailes, si l'on veut, de la « Victoire de Samothrace ».

J'ai rencontré à cette époque plusieurs fois Pierre Louÿs en compagnie d'un de ses meilleurs amis d'alors, le grand musicien Claude Debussy. Je me rappelle une soirée que nous passâmes à causer tous trois dans une rue des alentours de l'Opéra-Comique où l'auteur de *L'Homme de Pourpre* habitait, et où il avait installé une série de petites bibliothèques tournantes de bois rare et précieux, délicatement ouvragées, qu'il ne cessait de nous vanter. Le futur compositeur de *Pelléas*, aux regards noirs, âpres, durs, irrités, à l'épaisse chevelure annelée, calamistrée, trouvait-il ces bibliothèques superfétatoires?.. Toujours est-il que la grande collaboration qui eût dû logiquement germer de son amitié avec Pierre Louÿs, s'orienta de préférence vers ceux dont il fréquentait plus les œuvres intérieures que les bibliothèques, Maeterlinck et Mallarmé.

Dans un nouveau logis de Pierre Louÿs, derrière le Trocadéro, à Passy, je rencontrai aussi un jour, au milieu d'une phalange d'admirateurs, Oscar Wilde, s'extasiant sur certaines reliures « uniques et admirables, my dear!... On en ferait des gilets!... » André Gide raconte qu'il voulait également de rideaux « faire d'autres gilets »!...

Quelques jours après, je le rencontrai de nouveau promené de kummels en kummels au quartier Latin par « la bande à Moréas », où Louÿs et moi nous nous trouvions. Il s'y montra jusque vers les deux heures du matin, (heure réglementaire de la fermeture des cafés et brasseries,) de cette volubilité sarcastique, rosse, insolente, accaparante, pimentée d'extraordinaire accent anglais, où il excellait, et qui devait se transformer, après sa malheureuse affaire, en l'humanité si intensément tragique et douloureuse de *La Geôle de Reading* et du *De Profundis*.

Pour en revenir à Pierre Louÿs, je me rappelle surtout deux physionomies qui resteront pour moi absolument caractéristiques et complémentaires du grand artiste qu'il fut.

La première, celle d'un Louÿs purement extérieur. Nous venions un soir de quitter Stuart-Merril qui attendait sa Bob dans je ne sais quel café du quartier. Nous nous accompagnâmes et nous raccompagnâmes par les rues, j'ignore au juste combien de temps, discutant art et poésie sous les étoiles. Véritable prince de la jeunesse d'alors, ce Louÿs, avec son admirable physique, ses yeux, ses cheveux bruns, son élégant haut-de-forme, sa redingote noire impeccable, qu'on eut crue frottée au papier de verre et ternie exprès pour en atténuer la nouveauté! Il ne cessa, au cours de cette promenade, de se montrer le pur, olympien et impassible chantre d'*Aphrodite*, que, touché déjà par la gloire, il tenait par-dessus tout à rester.

La seconde, quelques années auparavant à la sortie d'un spectacle de *L'Œuvre*, où, tout courant, en complet gris, il me rejoignit au carrefour Boulevard Haussmann-Chaussée d'Antin. Ce fut la première fois que nous fîmes route ensemble. Mais quel artiste inquiet, ardent, fiévreux, passionné presque à s'en rendre malade, il m'apparut déjà cette nuit-là! Comme je sentis alors la vie intérieure exaltée et vibrante qui, comme chez tous les grands artistes, était déjà la sienne! Comme je compris que sous sa froideur voulue, cette vie intérieure qui ne s'arrêtait jamais en lui, était son véritable fond, le reste attitude!

C'est cet artiste ardent, inquiet, fiévreux, passionné, follement épris d'art et de beauté, — plus tard d'âme et de beauté, — qui commençait à retransparaître en lui, et allait de plus en plus devenir tout lui-même, dans ce hameau de Boulainvilliers, au bas de Passy, où il mourut. C'est là qu'un jour Jean Cassou me pria instamment de sa part, en me disant tout le plaisir qu'il en aurait, d'aller le voir, et où la fatalité, jointe à mon éloignement ridicule de Paris, me fit tellement remettre la joie que j'en eusse éprouvée moi-même, que j'eus la douleur d'apprendre un jour sa mort, sans l'avoir revu!

Maurice BEAUBOURG.

A PROPOS D'APHRODITE

Lapras, par Lamastre (Ardèche.)

5 septembre 1927.

Mon cher confrère,

Je vous envoie ce mot de la maison même où Pierre Louÿs a écrit la version définitive d'*Aphrodite*.

Il venait de s'entendre avec Alfred Vallette: le *Mercure* publierait un roman qui était alors intitulé *Chrysis*. Pierre Louÿs y avait longtemps songé et, un instant, l'avait cru achevé. Mais, à relire le livre, il s'aperçut qu'il fallait le reprendre entièrement. Je lui proposai de me rejoindre à la campagne: il y serait tranquille, nul ne s'aviserait de l'y déranger. Il accepta.

C'était la nuit surtout que Pierre Louÿs travaillait à *L'Esclavage:* le roman parut sous ce titre dans le *Mercure*. Les journées se passaient en promenades et en causeries. Les promenades n'étaient jamais très longues. L'automobile n'existait pas alors. Les voitures à chevaux étaient lentes et manquaient de confort: on s'y fatiguait vite. Pierre Louÿs n'aimait guère à marcher. J'essayais de l'initier aux joies de la bicyclette, mais il y était peu sensible. Il lui semblait dur de pédaler dans un pays où l'on ne sait pas ce que c'est qu'une route plate. Nous rentrions, et, dans un jardin paisible, nous causions.

Nous touchions aux sujets les plus divers. On a dit déjà et l'on dira souvent encore combien charmante était la conversation de Pierre Louÿs. Sa claire et subtile intelligence saisissait rapidement les beautés et les ridicules des œuvres et des hommes. Rien ne lui échappait, grandeurs ni mesquineries, délicatesses ni grossièretés. Son esprit ingénieux et sa parole primesautière avaient les boutades les plus inattendues.

Le soir, assez tôt, Pierre Louÿs se retirait. Il se mettait au travail, et il y restait jusqu'aux heures matinales. Quand on faisait sa chambre, on y trouvait d'innombrables bouts de cigarettes.

A son retour à Paris, Pierre Louÿs avait terminé un beau livre, qui fut aussi un livre heureux.

Je vous prie, mon cher confrère, de croire à mes sentiments dévoués.

A.-Ferdinand HEROLD.

LA LEÇON DE PIERRE LOUŸS

*Vous me demandez de vous résumer mes souvenirs sur Pierre Louÿs
pour un numéro spécial que lui consacre le Mercure de Flandre. C'est
vraiment impossible. Il me faudrait un gros volume, un an de travail, et
la force d'affronter par delà la vie, dans la fumée des cigarettes — l'essentiel est d'en avoir toujours une à sa portée — le spectre du maître que
j'ai tant admiré, tant aimé, et auquel je dois tout. Et aurais-je le courage
d'affronter tant d'émotions, je ne pense point, mon cher Bresle, que je
déférerais à votre désir. Cela pour deux raisons. La première, c'est que
Louÿs mort dans l'élégance un peu effacée où il a vécu, n'a pas encore
été la proie des nécrophores de la littérature, des amis posthumes toujours
à l'affût de se faire une réputation sur la mémoire d'un grand écrivain.
Il y en a certes qui ont tenté l'opération, mais ils ne l'ont pu mener bien
loin. Ils ont trouvé à qui parler et nous savons ce que c'est qu'une épée
ou un pistolet. La seconde raison, c'est que si j'étais chargé d'une aussi
lourde mission littéraire, je ne l'accomplirais qu'avec l'aide de Claude
Farrère, d'André Lebey, de Ch.-H. Hirsch et de Paul Valéry, qui ont,
si j'ose dire, plus que moi, un droit moral de contrôle sur le souvenir de
Pierre Louÿs. Ce souvenir s'irradie de quelque chose de trop sacré, de
trop pur. Seuls ceux qui ont connu et aimé l'auteur d'Aphrodite sont à
même de comprendre mon sentiment. Pierre Louÿs, c'est, non pas le
Régent avec ses crapeaux jaunes, mais le plus pur diamant des lettres françaises. Mieux encore que Théophile Gautier, il apparaît comme l'artiste
parfait, et ce n'est pas seulement là une nuance littéraire, mais un principe absolu qui s'étend sur toute la vie, sur l'homme lui-même. Ecrivain
illustre, couronné par la gloire la plus légitime dès sa première œuvre
importante, il s'enferme, s'isole du monde, se dérobe à toute publicité, fuit
les journalistes, se barricade contre les raseurs, et se calfeutre dans le seul
souci de se cultiver encore davantage, de travailler « hors du siècle » à
des œuvres définitives sans tracer une ligne inutile. Le jour, il dort. La nuit
donne à son esprit une acuité qu'il aime. Il vit à la lumière des lampes. Il
fume quatre-vingts cigarettes sans en laisser éteindre une seule. Il s'entretient, de neuf heures du soir à sept heures du matin, avec un ami, rarement
avec deux. Je ne pense pas que le chiffre trois ait été souvent dépassé.*

*Ces entretiens, dont Pierre Louÿs était l'animateur avec toute la
magie de son esprit, valaient une sorte de névrose exquise à celui qui les*

subissait pour la première fois: la fatigue, le tabac, le charme indéfini d'une parole très douce, très prenante, s'y combinaient. Louÿs n'avait ni le caractère un peu sentencieux de Barrès, ni la conversation en feux d'artifice de tant d'autres... Il n'avait pas non plus ce timbre éteint et monotone de la voix d'Henry Bataille. C'était quelque chose de chaud, d'enveloppant, de prestigieux... souvent interrompu. On vivait, on bavardait, on fumait comme dans un rêve.

Je connus Pierre Louÿs en 1912. Il était toujours jeune, ne portait que la moustache, et son cou, svelte encore, s'entourait de cravates somptueuses au fond desquelles une perle ovale brillait comme une larme. J'avais été en correspondance avec lui. Il m'avait remercié poliment, chaleureusement, pour l'hommage des « Attitudes » et du « livre du Dauphin ». Il m'avait envoyé un article sur le poète Sygognes, dont il possédait l'unique exemplaire restant de l'œuvre imprimée, pour une revue que je dirigeais. Arrivant à Paris, j'allai chez lui. Il ne me reçut pas. Je lui écrivis. Il ne me répondit pas. J'ai souffert de ce silence, de cette abstention de l'homme que je rêvais le plus de connaître.

Un an passa. Le théâtre Michel joua mes trois actes des Vacances de l'amour. La protagoniste de cette comédie était Mᵐᵉ V... G... que Pierre Louÿs connaissait beaucoup. Louÿs vint à ma comédie, applaudit, mais passa dans les coulisses sans demander que je lui fusse présenté. Un soir, à souper, je fis part à Mⁱⁱᵉ V... G... de ma tristesse. Elle me promit de m'amener à Pierre Louÿs. Elle obtint cette faveur de l'affection que Louÿs avait pour elle, mais ce ne fut pas, paraît-il, sans négociations laborieuses. Un soir, après le spectacle, vers minuit et demi, un taxi nous amena au hameau de Boulainvilliers. Louÿs fut charmant. Nous causâmes jusqu'à huit heures du matin. Tandis que je prenais congé du maître, il me dit: « Revenez demain, seul. J'ai quelque chose à vous dire. »

« Voici, me dit-il, le lendemain. Vos débuts m'ont intéressé. Votre comédie m'a plu. Je ne voulais pas vous voir parce qu'on m'a dit beaucoup de mal de vous. Je l'ai cru. Depuis hier, je m'aperçois que j'ai eu tort, pardonnez-moi. » Après cette émotion-là, j'ai revu Louÿs très souvent. Il a lu ce que j'écrivais, il m'a prodigué ses conseils. Il m'a fait déchirer bien des choses. Il m'a surtout enchanté de l'affection la plus fidèle, la plus attentive et la plus sincère. Au cours de cette amitié, j'ai pleuré deux fois. Une fois chez moi, en cachette, en recevant de lui un mot qui m'accusait réception de mon roman « L'éveil du cœur ». Il me disait simplement. « Voici qui est tout à fait bien. Venez me voir. » Pour moi, ces

persuadé que pas un
contemporain n'est
foutu (dirais-je) de te
damer le pion là dessus.

Nous en reparlerons
si tu es libre ce soir à
5 h, je serai au café de
Paris, avenue de l'Opéra.
Viens exactement, je
voudrais causer de tout
cela.

Ton inusable

Pierrelouÿs —

sept mots d'approbation de la jolie écriture du maître valaient mille feuilletons de tous les Paul Souday, Henry Bidou et autres scribes salariés de l'éloge ou de l'éreintement. J'ai le caractère personnel et n'ai jamais douté de la valeur de mon œuvre. Mais le plus beau jour de ma vie d'écrivain, ce fut la première approbation, sans réserve, de Pierre Louÿs pour un de mes livres. Pierre Louÿs était devenu mon maître. Un tirage à trois cent mille m'eût indifféré. Son approbation seule m'importait.

La seconde fois que je pleurai, ce fut chez Louÿs, hameau de Boulainvilliers. Je lui apportais le bel article d'Henri Bataille présentant mes Ecrits sur le ciel et sur la terre et qui débutait par ces mots: « Vous venez de nous donner là le plus beau volume de nouvelles paru en France depuis les Sanguines de Pierre Louÿs. » Un grand, un pur artiste qui, probablement ignorait mes rapports avec l'auteur des Chansons de Bilitis, me rapprochait de lui dans une appréciation triomphalement élogieuse.

Voilà les deux plus belles minutes que j'ai vécues de ma vie. Le reste ne compte pas.

La guerre plongea mon maître dans une mélancolie profonde. Je le retrouvai, à mon retour des armées, en 1917, épaissi, vieilli, mais avec une âme toujours pareille, un cœur identique malgré les changements nombreux qui s'étaient produits dans sa vie intime. Il sortait assez souvent à cette époque, et me fit passer plus d'une nuit à rôder dans Paris nocturne en compagnie de Georges Feydeau, que je connaissais déjà, et qu'il aimait beaucoup. Ce fut un soir, en compagnie de Feydeau et de Louÿs, au café Napolitain, que je fus présenté à M. Paul Valéry. Outre un certain changement physique, j'eus la tristesse de m'apercevoir de ce que Pierre Louÿs avait vieilli: il se mettait à narrer volontiers des souvenirs! Sa vie, du reste, n'est qu'une longue magie... une sorte de conte fantastique.

A peine majeur, Pierre Louÿs hérite d'une fortune: 300.000 francs. Il loue un appartement juste derrière l'Opéra-Comique et devient malade. Il va consulter le professeur Potin qui lui déclare que s'il ne change pas de vie il n'a pas plus de trois ans à subsister encore. Pierre Louÿs, peu soucieux de changer d'existence, divise en trois parts égales son magot et le dépense méthodiquement, mais royalement. Au bout de la troisième année, il n'a plus le sou; mais, guéri, il s'en va d'un pas alerte couvrir de ses opprobres le docte médicastre responsable de sa ruine. Il a heureusement écrit des contes, des nouvelles et un roman que le Mercure de France publie en feuilleton sous le titre l'Esclavage. Personne ne le remarque.

5.

Il désire néanmoins réunir l'œuvre en volume, et s'entend à cet effet avec un éditeur peu enthousiaste. Pierre Louÿs avancera cinq mille francs, mais il touchera deux francs par exemplaire vendu, ce qui lui offre le risque de rattraper sa mise de fonds. Il change le titre. L'œuvre s'appellera Aphrodite. Elle paraît. Le sénateur Bérenger intervient au nom de la moralité publique, et M. le baron Louis, frère aîné, ou plutôt demi-frère de Pierre Louÿs, grave diplomate, fort embêté de l'incident, écrit à François Coppée, directeur littéraire du Journal, pour lui demander « d'arranger l'affaire ». Coppée commence par lire Aphrodite. Il y découvre un chef-d'œuvre et l'annonce en tête du Journal. Aphrodite part à cent cinquante mille exemplaires, sur chacun desquels P. Louÿs, contractuellement, doit toucher deux francs. Il rattrape, en principe, le patrimoine que lui a fait dilapider le professeur Potin. Mais l'éditeur se récuse, chicane sur l'exécution d'un contrat qu'il considère comme léonin. « Si l'affaire, dit Louÿs, eût été mauvaise, j'en eusse supporté les frais. Dès qu'elle devient bonne, c'est l'éditeur qui en veut les bénéfices. » J'ignore comment l'aventure s'est terminée, Pierre Louÿs ne me l'a pas raconté. Mait tout s'arrange, même avec les éditeurs. Pour Louÿs, c'est la fortune et la gloire. Il les supporta souriant et modeste... Ce qui est fort élégant.

Voilà, certes, une jolie odyssée!

Légendaire peut-être un peu? Pierre Louÿs ne pouvait mieux se parer que d'une légende.

La guerre, ou plutôt la fin de la guerre, avait plongé mon maître dans une sorte de tristesse dont il est bien difficile de préciser la nature. Un double drame se déroulait en lui et l'absorbait. Premier aspect: bouleversement de la vie intime, départ pour la côte basque et mariage. Je m'abstiens de commentaires. Cela ne regarde personne. Second aspect: terreur subite à la vue des bouleversements que la guerre apporte dans la littérature. Quoi qu'il y paraisse, Louÿs n'y pouvait être indifférent. La « cuisine », Gémier, Frondaie, lors de l'adaptation de « La Femme et le Pantin » au théâtre, l'avait largement instruit jusqu'au dégoût de l'invasion du commerce dans l'art. A cette occasion, M. le sénateur René Bérenger, révolté par l'exhibition du beau torse nu de Mlle Régina Badet, devait encore une fois porter bonheur au maître.

Quasi prostré, au fond de son petit hôtel du hameau Boulainvilliers, il considérait dans une navrance pleine de cette indignation ironique ou muette, que tous ses amis lui ont connue, la naissance de la littérature nouvelle et des mœurs littéraires nouvelles. Il lisait Les Croix de Bois, le Feu, le Martyre de l'Obèse, et surtout Pour don Carlos, avec une sorte d'effroi. Il existe de ce dernier roman, un exemplaire où Pierre Louÿs s'est plu à souligner toutes les fautes de grammaire, de lexicologie et de syntaxe coutumières à M. Pierre Benoît; les « Il salua le prince par une inclination », — « Je me souviens que », etc.

Le mot terrible, qui a tant fait mousser la colère stérile de M. Henri Béraud « Tout cela c'est du journalisme », a été prononcé pour la première fois par Pierre Louÿs.

Ce fut, je crois, la dernière opinion qu'il émit. Je cessai de le voir. Sa vie intime, et surtout son état de santé, le plongeaient dans une sorte de déchéance navrante. Il avait laissé pousser sa barbe. Il souffrait de plus en plus des yeux. Il ne pouvait presque plus lire. Il dictait quelques lignes, de temps à autre, à son secrétaire. La dernière fois que je me rendis chez lui, sa cécité naissante l'empêchait de me voir, ma demi-surdité m'empê-chait de l'entendre. Je m'en allai, ayant réellement souffert, et sans avoir trouvé dans la joie d'une chère présence une consolation à la tristesse de ce qui avait été notre entretien... Mais ce morne souvenir ultime n'empêche pas l'admirable leçon de Pierre Louÿs de rester éternellement vivante dans mon cœur. « Un écrivain se déshonore s'il écrit dans un esprit de lucre, s'il ne travaille pas uniquement dans le souci d'être un artiste, rien qu'un artiste. Un artiste n'est réellement complet que si sa vie est en harmonie complète avec son talent. Il faut l'effacement et la dignité. » Et enfin cette phrase, transcrite mot à mot: « L'art est l'expression de la vie. » — « Le théâtre est un art inférieur. Il suffit pour s'en convaincre de voir un beau roman adapté à la scène: jamais des décors de carton et un jeu d'éclairage ne pourront suppléer à l'évocation d'un milieu par un véritable artiste. »

Conclure? Il suffit je pense de m'avoir lu.

Maitre, Pierre Louÿs a enseigné par l'exemple. Il n'a jamais voulu, comme M. Maurras, imposer, à ceux qu'il influençait, son esthétique ni sa façon de penser. Il s'est contenté d'offrir à chacun le spectacle le plus tangible et le plus séduisant de la probité de son art et de la dignité de son talent. Sa gloire, comme son œuvre, reste aujourd'hui dans sa pure transparence et son éternité, tel un défi face aux renommées éphémères dont les sycophantes et les ilotes du journalisme, à coup de réclame payée, déshonorent la littérature française.

Sylvain BONMARIAGE.

HOMMAGE

Je regrette que les circonstances ne me permettent de m'associer que par quelques lignes à l'hommage que le *Mercure de Flandre* rend à la mémoire de Pierre Louÿs. Je l'ai connu chez Mallarmé, j'ai subi le charme de son exquise courtoisie, de son esprit si fin, de son exceptionnelle culture difficilement avouée par sa sincère modestie. Ce camarade loyal et affable était un grand écrivain, et je le jugeais déjà tel à l'époque où je collaborais à sa *Conque*, maintenant introuvable.

L'immense succès d'*Aphrodite* a un peu faussé le jugement du public au sujet de Pierre Louÿs. L'homme qui a écrit les adorables *Chansons de Bilitis*, exploré la psychologie féminine avec tant de lucidité implacable dans *La Femme et le Pantin*, révélé dans *Le roi Pausole* un sens si aigu de l'ironie, cet homme-là, le conteur de *Sanguines* et d'*Archipel*, était non seulement un prosateur d'une magnifique perfection, un sensitif raffiné, mais encore un savant, un linguiste, un évocateur. Ce poète de la volupté païenne était aussi un bénédictin qui, dans la retraite que lui imposait la maladie, se passionna pour les recherches les plus ardues où l'entraînait l'insatiable curiosité de son esprit, et y apporta une extraordinaire puissance de conviction, une maîtrise méthodique, un amour fou des lettres. Cela, le public l'a ignoré, et la médiocre critique de notre temps ne l'a guère soupçonné. Je m'honore d'être de ceux qui l'ont su, et qui ont eu *toutes* les raisons d'admirer Pierre Louÿs. Il était illustre et secret, le plus beau destin pour un artiste.

Camille MAUCLAIR.

LETTRE A PIERRE LOUŸS

Mon cher Louÿs,

Diodore de Sicile rapporte que ses contemporains prononçaient devant une statuette de Mercure les secrets qu'ils voulaient confier à un ami lointain ou mort. Le dieu, croyaient-ils, s'empressait d'aller communiquer leurs paroles à l'intéressé.

Ne possédant qu'un mauvais petit Mercure de l'époque hellénistique, je me suis toujours gardé de lui dire ce que je voudrais vous faire savoir depuis que vous errez, ombre impalpable, dans le ténébreux domaine de Hadès. Mon Mercure ressemble à un garçon coiffeur de Naples. Vous l'auriez chassé, sans m'épargner, aussi, vos invectives. Mais voici qu'un autre Porte-Talonnières se met à ma disposition! Quoique de Flandre, il est léger; et vous le connaissez, puisque je l'ai vu chez vous. Sans inquiétude, je le charge de vous transmettre quelques-unes de ces nouvelles que vous prisiez tant, bien que vous n'eussiez jamais l'air de les écouter.

Le Mercure de Flandre m'a d'abord demandé de lui parler de vous.

— Mon ami, lui ai-je répondu, que te dirais-je, moi qui n'étais pas de ses intimes? Te communiquer quelques-unes de ses longues lettres? Parles-tu sérieusement? Non, je ne les ai pas vendues, mais je crois qu'un trop grand nombre ont été écrites par Thierry Sandre. Je n'ai confiance que dans certaines, datées de Tamaris, où Louÿs m'expose, avec ardeur et méthode, ses théories sur l'origine des Touareg. Son savoir est infini. Il me cite du Léon l'Africain, dans la savoureuse traduction de Jehan Temporal. D'Hérodote à Salluste et d'Ibn-Khaldoûn à Hourst, il en appelle à tous les historiens, à tous les explorateurs. « ...Les Touareg seraient les Numides de Jugurtha et de Massinissa, les descendants de cette tribu des Maziques qui errait en Lybie. Dans la langue tamahek actuelle, la langue des Touareg, Massinissa, qui signifie « le Maître » se traduit presque littéralement: messn'essen. Le mot mazique est une forme grecque où l'on retrouve Imazeghen, nom d'une tribu qui nomadise entre nos postes soudanais. Vous savez que les caractères de l'écriture

tifinar *des Touareg sont à peu près identiques aux caractères de la fameuse inscription tougga, qui date de l'époque carthaginoise...* » Je lui avais objecté la tradition recueillie par Barth, selon laquelle un Pharaon aurait conduit jusqu'au coude du Niger, jusqu'à Bourem, son armée victorieuse. Les petits palmiers spéciaux qui croissent le long du fleuve, jusqu'à Bamba, et que les Touareg appellent faraoun, proviendraient de dattes importées par eux. Il m'avait affirmé que ces palmiers n'existent pas. Cependant, j'avais passé vingt mois parmi les Touareg du Niger... Voilà, Mercure, de quel ordre était notre correspondance. Quand il ne s'agissait pas, aussi, de l'influence grecque sur la poésie indienne postérieure à Alexandre.

Maintenant, Louÿs, que vais-je confier à mon messager, pour vous? Je suis très embarrassé, après avoir été très décidé. Je ne veux pas troubler le repos que vous goûtez, enfin, dans ces paisibles ténèbres dont vous avez chanté les louanges.

Vous annoncerai-je que la langue française est de plus en plus malade? Vous me feriez répondre que j'ai tort de m'en affliger, puisque le Temps doit tout détruire, la fleur comme le marbre, la tristesse comme la joie.

Vous apprendrai-je que les baigneuses, sur les plages, étaient presque nues, cette année? Non. Vous reverriez cette plage des Sablettes où vous avez été si heureux, un matin, et vous diriez, peut-être, sans que Mercure comprît pourquoi: « Le regret est plus doux que le bonheur. »

Franz TOUSSAINT.

HOMMAGE A PIERRE LOUŸS

Aphrodite, clair jet de païenne lumière: quel événement, sa parution, pour nous, jeunesse contemporaine du symbolisme! Et aujourd'hui que notre maturité mieux instruite délaisse ces fêtes, belles, mais un peu creuses, de la pure sensualité, voici la surprise émouvante de *Psyché*, où l'art et la vie, épurés, se haussent ensemble à l'éternel dans l'éphémère de l'amour. A un quart de siècle d'intervalle, joie de trouver en deux œuvres aussi antithétiques d'apparence, mais complémentaires au fond, l'expression la plus haute de ce que furent à tour de rôle nos ferveurs esthétiques et humaines. Grâce à l'artifice du sort, qui réserva longtemps l'œuvre suprême, pour la faire mieux coïncider avec cette dernière étape de notre moi, la correspondance est renouvelée, qui nous rapproche encore de l'ami disparu, et avive sa présence dans le monde supérieur de la beauté.

Je dis: ami, Pierre Louÿs! bien que je ne vous aie pas connu sous votre visage quotidien. La chronologie le permettait, certes, et je déplore la négligence; mais qu'elle soit grave et qu'elle prive de quelque harmonique essentiel les résonances de votre art en mon esprit, non.

Causeur charmant, dilettante, prestigieux théoricien de l'art: ceux qui furent vos compagnons s'émeuvent, au souvenir. D'autres, afin de ne rien omettre, insistent sur vos nuits blanches, et les déplorent... pour amuser les badauds, flatter peut-être certains goûts égalitaires et vous faire pardonner, en quelque sorte, votre royauté.

Documentaire, tout cela. Est-il trop osé de rappeler qu'un grand et pur artiste ne saurait être jugé selon la même table des valeurs que les simples mortels? De ceux-ci, les gestes de la vie sociale constituent la seule justification d'existence. Mais il en va autrement chez les Visités du Verbe, dont les réactions se branchent sur le transformateur d'une pensée magique et s'illuminent en beauté pour l'ennoblissante joie des humains présents et futurs. Plaisir, souffrance, amour, passions aventureuses, toute cette alimentation première n'a d'importance ici qu'en fonction de l'œuvre, puisque la vie personnelle du créateur verbal ne lui appartient pas plus à lui qu'au jugement de la foule, mais est offerte en sacrifice au dieu Art.

Pierre Louÿs, noble et parfait écrivain, votre œuvre est là, immortelle, parce que purement belle... Vous eût-on dénié la gloire de votre vivant, vous n'auriez pas, vous, convoité *la revanche de la Postérité:* attitude trop semblable à celle de piètres dévots s'évertuant à faire le bien dans cette vie uniquement pour toucher au ciel, à gros intérêts, l'indemnité de leur vertu. Vous savez que l'amour du Dieu seul importe; que le servir pour lui-même, nous donner tout entiers à lui, sentir sa grâce en nous, est notre vraie récompense; et s'il bénit notre œuvre, c'est de surcroît que les hommes futurs la célèbreront... Pour moi, qui suis déjà de la postérité à votre égard, je vous dis simplement: Soyez loué, ami et maître dans le culte de l'Art; l'exemple de la beauté que vous avez créée avec amour est là pour nous aider à vaincre les sollicitations par en bas du blasphème et de la platitude.

Pierre Louÿs, voici mon hommage, à votre plus haute gloire, et à la gloire du Verbe.

Cassis, 16 septembre 1927.

THÉO VARLET.

LETTRES DE PIERRE LOUŸS
A FRÉDÉRIC LACHÈVRE
(1907-1921)

En publiant les 111 lettres que Pierre Louÿs m'a adressées (1) de 1907 à 1921, je poursuis un double but:

Conserver un souvenir durable de l'amitié que m'a témoignée l'illustre écrivain, amitié qui a été et sera le grand honneur de ma vie: et, en même temps, mettre en pleine lumière une des faces de cette personnalité si riche et si multiple: celle du bibliophile le plus savant et le plus spirituel de notre époque.

L'accueil de Pierre Louÿs était inoubliable. Aucun homme n'a possédé à un si haut degré le don de conquérir son auditeur. Rien chez lui ne trahissait son écrasante supériorité. Le charme qui se dégageait de sa personne, sa courtoisie, sa délicatesse vous mettaient à l'aise: jamais un de ces mots susceptibles de vous faire sentir la distance qui vous séparait de son merveilleux esprit. On en jugera par le ton de ses lettres; son seul désir était celui de s'effacer et de laisser toujours la première place à son correspondant. Et cependant, quelle prodigieuse érudition! Personne, je l'ai dit autre part, ne savait lire comme lui: il découvrait ce que personne n'avait vu avant lui. Si on met au jour les notes si curieuses qu'il a laissées, on y trouvera, sans nul doute, la solution de problèmes littéraires réputés jusqu'ici insolubles.

La perte que les lettres françaises ont faite par la disparition de Pierre Louÿs est irréparable; mais elle n'a pas frappé moins profondément le cœur de tous ses amis et de tous ceux qui ont pu l'approcher.

On remarquera les lacunes apparentes de cette correspondance qui s'échelonne sur plus de quatorze années... et il n'y a pas de lacunes, Pierre Louÿs s'en est expliqué lui-même:

---

(1) Les 111 lettres en question ont été réunies et publiées dans une plaquette de 149 pages, tirée à 75 exemplaires, avec la mention: « Ce livre ne se vend pas. »

« J'ai la funeste habitude de disperser à l'infini mes sujets de curiosité. Comme le roi Pausole changeait de femme tous les jours, j'aban-
donne chaque soir ma recherche de la veille pour en commencer une
autre qui m'intéresse davantage, et que j'interromprai le lendemain, par
amour pour une troisième... » (1).

La bibliophilie, l'histoire littéraire l'occupaient un instant, puis son
esprit prenait une autre direction; mais après un intervalle plus ou moins
long, il revenait à ses chers livres. Ceux-là ne lui ont jamais donné de
déception!

Il s'est intéressé d'abord à mon ouvrage: Le libertinage au XVIIe
siècle: Le procès du poète Théophile de Viau, dont je lui ai communiqué
les bonnes feuilles; puis ensuite à ma Bibliographie des recueils collectifs
de poésies libres et satiriques publiés depuis 1600 jusqu'à la mort de
Théophile de Viau, 1626.

Dès 1907, Pierre Louÿs possédait (sans être encore complète) la
collection la plus riche, existant en France et à l'Etranger, des Florilèges
libres et satiriques qui ont vu le jour pendant le premier quart du XVIIe
siècle, et il avait projeté d'en faire la Bibliographie. Quoiqu'ayant la
même intention, et ce, dans le but de compléter ma Bibliographie des
recueils collectifs de poésies publiés de 1597 à 1700, je m'effaçai
devant lui. En 1911, voyant que jamais Pierre Louÿs ne consacrerait
à un travail aussi considérable le temps nécessaire pour le mener à bien,
je repris ce projet en lui exposant franchement ma manière de voir. Avec
la générosité spontanée qui le caractérisait, il m'offrit immédiatement,
non seulement la communication des recueils originaux en sa possession,
mais celle du dépouillement du premier vers des pièces d'un certain
nombre d'entre eux, ainsi que les renseignements biographiques dont il
disposait sur les poètes dont les rimes figuraient dans lesdits recueils. Il
alla même plus loin, en me priant de lui soumettre les épreuves de ma
Bibliographie au fur et à mesure qu'elles sortiraient des presses de l'impri-
meur, de façon à les corriger et à les compléter, le cas échéant. Une
pareille proposition fut naturellement accueillie avec enthousiasme; et
pendant plus d'une année, Pierre Louÿs a sacrifié de nombreuses heures
à cette révision ingrate qui ne devait lui rapporter ni honneur ni profit.

---

(1) 5 lettres en 1907; 17 en 1908; 7 en 1909; 11 en 1911;
32 en 1912; 23 en 1913; 5 en 1914; 2 en 1915; 3 en 1919; 1 en
1920 et 5 en 1921.

Ne sachant comment lui manifester ma reconnaissance je lui ai offert de lui dédier l'ouvrage, · · ce qu'il a accepté, — et de mettre son nom au titre, ce qu'il a refusé dans des termes inoubliables pour moi.

Un tel désintéressement n'est-il pas admirable? Pierre Louÿs n'a jamais eu d'orgueil, mais une incomparable dignité. Sa vie tout entière a été au service de la littérature française. C'est donc avec joie que je salue une dernière fois cette noble figure, par la publication des lettres ci-jointes qui associent son nom glorieux à celui d'un simple rat de bibliothèque.

FRÉDÉRIC LACHÈVRE

18 avril [1913]

Cher Monsieur,

Vous attribuez à Florent Chrestien la curieuse pièce que le Cab. Satir. intitule « Regrets d'une jeune courtisane », et qui n'est pas signée. Est-elle bien de lui?

Je viens de la lire. Je ne la connaissais pas. Elle devrait avoir pour titre « Regrets d'un vieux courtisan ». C'est l'homme qui parle; il ne répète qu'incidemment les plaintes de sa maîtresse, et il me paraît difficile d'y voir une satire ou une fantaisie de poète, surtout sous la plume d'un poète peu imaginatif, tel que se présente Florent Chrestien.

C'est, (comme la pièce analogue d'Ovide et comme celle de Belleau,) une élégie sur une mésaventure advenue à l'auteur. L'auteur se dit ambassadeur à Constantinople; les détails de la pièce sont bien dans leur cadre. J'accepterais comme vous le titre du héros, et je chercherais dans cette direction.

En outre, cette élégie paraît d'une langue bien archaïque pour être attribuée à un collaborateur de la Satire Ménippée. Je connais mal Florent Chrestien, mais les vers que j'ai lus de lui sont des alexandrins, et la pièce en question est écrite en vers de dix syllabes, à rimes plates, comme les « Blasons ». Elle n'est pas ronsardisante, elle est marotique, — comme « la Franciade », direz-vous. — Mais « la Franciade » est une exception dont Ronsard s'excuse. A la date où elle paraît, l'alexandrin triomphe. S'il fallait dater les Regrets d'une jeune courtisane, je dirais: 1540, — avec quelques corrections de 1618.

Or, notre ambassadeur à Constantinople était vers cette époque le sieur de la Forest. N'est-ce pas ce nom-là qui se trouve en marge du MS 1662 de la B. N.? On a lu les initiales: Fl. Ch. Je n'ai pas le manuscrit sous les yeux; mais si le nom est écrit ainsi: Frst, c'est Forest; et cela paraît être Fl. Ch.

J'ose à peine vous envoyer, sans l'ombre d'une preuve, une hypothèse aussi hasardée. Si je le fais quand même, en risquant une erreur facile à confondre, c'est seulement par excès de prudence. Cette pièce douteuse est la seule qui motive l'inscription de Florent Chrestien parmi les poètes satiriques et le savant article de quatre pages que vous lui consacrez.

Si les protestants pouvaient prouver qu'elle ne lui appartient pas, je me reprocherais trop vivement de ne pas même vous avoir soumis mon hésitation.

Votre tout dévoué,
Pierre LOUŸS.

Une expression archaïque notable est celle-ci:

« D'être ambassade envers le Grand Seigneur. »

Godefroy signale ambassade pour ambassadeur dans un texte de 1532 (Bouchet), mais ce mot ne figure pas dans le Lexique de la Pléiade; et Cotgrave ne le connaît pas dans ce sens.

*
* *

22 avril [1913].

Cher Monsieur,

Puisque le rédacteur de la copie a écrit en marge: Fl. Chr. A., il est vraisemblable que cet A. signifie Aurelianensis, et que les initiales désignent Florent Chrestien. Sur la lecture même de ces sigles, je n'avais pu vous envoyer qu'une hypothèse sous toutes réserves, puisque je n'avais pas vu les manuscrits; mais je reste surpris de l'attribution, pour toutes les raisons que je vous ai dites; et je ne puis m'empêcher de garder un doute.

Votre tout dévoué,
Pierre LOUŸS.

.˙.

27 *avril* [1913].

Cher Monsieur,

Tout s'explique, et de la façon la plus heureuse, puisque, soutenant deux opinions contraires, nous nous trouvons avoir raison tous les deux.

Je vous avais écrit que les « Regrets d'une jeune courtisane grecque » ne me paraissaient pas être une satire, mais une sorte de confession; que, comme dans les pièces similaires d'Ovide et de Remy Belleau, il s'agissait d'une mésaventure advenue à l'auteur; que Florent Chrestien était un homme de trop peu d'imagination pour avoir inventé cela; et que si l'auteur prenait le titre d'ambassadeur, c'est qu'il l'était en effet.

Vous me répondiez que deux manuscrits attribuaient la pièce à Fl. Chr. A. (ce qui signifiait évidemment Florens Christianus Aurelianensis), et je ne pouvais m'empêcher de vous répéter que, sans discuter la signature, je faisais des réserves sur l'attribution pour toutes les raisons que je vous avais exposées.

Eh bien! j'ai retrouvé ce soir l'original de la pièce dans les Elégies de Maximianus Etruscus, poète latin de la dernière époque antique (VIe siècle après J.-C.). C'est la cinquième élégie de Maximianus qui commence par le vers:

Missus ad Eoas legati munere partes

(*Envoyé avec une charge d'ambassadeur en Orient, je, etc...*)

L'aventure est donc bien arrivée à celui qui l'a contée, c'est une confession, ce n'est pas une satire, et Florent Chrestien n'a point imaginé tout cela, mais rien n'empêche qu'il ait traduit la pièce, puisqu'elle était imprimée avant sa naissance (éd. princeps 1501).

Je viens de comparer le texte latin et celui du Cabinet Satirique: il s'agit en effet d'une simple traduction, un peu écourtée vers la fin.

Maintenant pourquoi Florent Chrestien a-t-il parlé d'un ambassadeur français? Par un jeu de mots qui n'est pas très spirituel, mais dont l'intention est évidente. Au XVIe siècle, le nom de Maximianus était peu connu. Ses Elégies avaient été publiées sous le nom de Cornelius

Gallus, l'ami de Virgile... « Français » est une plaisanterie sur le mot « Gallus », et voilà tout. Cependant cette facétie ne nous sera pas indifférente, car elle peut servir à dater la pièce. Le texte latin ayant été restitué à Maximianus dans le Catulle de Pullmann, publié à Anvers en 1569, la traduction de Chrestien doit être antérieure à cette date. Je ne serais même pas étonné qu'elle fût de sa première jeunesse.

> *Votre tout dévoué,*
> Pierre LOUŸS.

*

30 avril [1913].

Cher Monsieur,

Après « héros de son propre récit », vous pouvez ajouter: « Il avait été ambassadeur de Théodoric le Grand près l'empereur Anastase Iᵉʳ. »

Et si vous désirez une référence pour le texte de l'élégie:

Poetae latini minores, etc... Baehrens, Lipsiae, 1883. T. V., p. 340-347.

Mais c'est faire trop d'honneur au petit renseignement que de lui consacrer tout une note, et si aimablement écrite.

> *Votre tout dévoué,*
> Pierre LOUŸS.

Il existe une traduction française de Maximianus dans la collection des compactes Didot; mais elle est si peu exacte, si pâle, si édulcorée qu'il vaut mieux ne pas la citer. Je préfère encore les vers du Cab. Satir.

PIERRE LOUŸS
ET JOSÉ-MARIA DE HEREDIA

En plus de ses autres titres à la vénération des lettrés, l'auteur d'*Aphrodite* possédait celui, si rare aujourd'hui, d'avoir encouragé et mis en lumière, avec une ténacité et une clairvoyance extraordinaires, les jeunes écrivains qu'il considérait comme marqués du baiser divin. Ainsi pour Paul Valéry, Paul Fort, Camille Mauclair, Claude Farrère et bien d'autres.

Mais il fut également brave et constant pour exalter la gloire des morts qui lui étaient chers... et pour combattre, hélas! celle de deux grands génies qu'il détestait on ne sait pourquoi. J'ai nommé Molière et Baudelaire. Ah! j'ai vu tout récemment un exemplaire des *Fleurs du Mal* annoté par Pierre Louÿs qui m'a fait frémir d'indignation. Mais passons sur ce sacrilège, qui ne fut peut-être qu'une plaisanterie déplacée, et venons à ce que Pierre Louÿs a fait pour Heredia. L'origine de leur amitié fut une rime envoyée par le prosateur au poète. J'ai le bonheur de posséder un autographe du premier qui dit ceci:

LE DIEU HASARD

I. Un poète grec forge l'adjectif Θερμοδόντειος que nous ne connaissons même pas sous la forme grecque.

II. Properce traduit: THERMODONTEIS ...aquis ».

III. Ronsard, lisant Properce, écrit: ...L'EAU THERMODONTÉE,

        ...la vierge domptée.

IV. Pierre Louÿs, lisant Ronsard, envoie cette rime à Heredia, sans le connaître.

V. Il se trouve que Heredia attendait précisément cette rime-là; de sorte que Pierre Louÿs est accueilli comme un ami à un âge où on ne le recevait ailleurs que comme un petit jeune homme.

Beaucoup plus tard il dira :

Depuis plusieurs années, je vivais dans l'illusion que ma lettre de 1890 avait fait germer tout cela. [Il parle de quatre sonnets de Heredia composés après la publication des *Trophées* sous le titre général : *Les Amazones : Hercule Pontique* — presque achevé —, *Choc d'Amazones* — presque perdu —, *Le Thermodon* — achevé — et *L'enlèvement d'Antiope* — achevé — un de ses plus beaux sonnets selon Pierre Louÿs,] *quand un hasard de lecture vient de me détromper.*

Heredia a écrit quatre sonnets sur son ancêtre, Pedro de Heredia, qui a fondé Carthagène des Indes en 1533. L'historien de Pedro de Heredia, c'est Antonio de Herrera, qui lui consacre un chapitre de l'un des Livres de l'une de ses huit Décades sur l'Histoire de la conquête espagnole.

J'ai lu le chapitre hier. Herrera ne donne qu'un détail sur la prise du village caraïbe dont Pedro de Heredia a fait Carthagène : c'est que le village était défendu par une jeune fille de dix-huit ans, qui n'était certes pas une faible femme, car avec son arc et ses flèches, elle tua huit Espagnols avant d'être prise.

Heureusement, Herrera dit : prise, il ne dit pas : tuée ; de sorte que l'anecdote se termine, comme la série des sonnets, par l'Enlèvement d'Antiope. Et pour une caraïbe, ce n'est pas une fin tragique. Mais, connaissant Heredia comme je le connaissais, je me suis dit sans hésiter :

« Voilà le secret de la série des Amazones. Heredia a toujours su par cœur ces lignes de Herrera. Mais 1533, c'est trop près de nous pour faire lutter un héros contre une héroïne. Il n'a pas dit un mot de l'anecdote dans aucun des quatre sonnets à la gloire de son ancêtre ; mais il a fait quatre autres sonnets sur Hercule et les Amazones. »

Et comme je venais d'écrire une note où je disais tout ceci, j'ai ouvert Les Trophées au hasard, et je suis tombé sur la première page des Conquérants de l'Or :

> *« Tous les aventuriers...*
> *Rêvaient, en arrivant au port de Panama,*
> *De retrouver...*
> *El Dorado...*
> *Et, mêlant avec l'or des songes monstrueux,*
> *De forcer jusqu'au fond de ces torrides zones*

L'âpre virginité des rudes Amazones,

....

Et de vaincre, vrais fils de leur ancêtre Hercule,
Les peuples de l'Aurore et ceux du Crépuscule. »

(1871.)

Voilà toute la démonstration en quelques vers. Voilà Hercule et les Amazones en Colombie; — donc à Carthagène — et en 1871, quand j'avais six mois, — et avec le mot: monstrueux qui explique le scrupule à raconter l'histoire sous le nom de Pedro de Heredia.

Donc, si Heredia a été tellement frappé par ma petite lettre, et si son insistance à en retrouver l'auteur a duré de mai en décembre, ce n'est pas parce que la rime était riche, c'est parce que je lui apportais, sans le savoir, la fin d'un sonnet qu'il avait toujours voulu écrire.

> *Il rêve, poursuivant ses illustres travaux,*
> *D'arracher à l'antique orgueil de Cappadoce*
> *Le baudrier d'azur que l'Amazone endosse*
>
> *Et de voir, dans l'écume où roulent ses chevaux,*
> *Hyppolyte expirante et non encor domptée*
> *Rougir d'un sang royal l'onde Thermodontéa*

Cette lettre est datée du 17 avril 1911, six ans après la mort de Heredia.

∴

Pierre Louÿs avait offert à Heredia en 1891, deux ans avant la publication des *Trophées*, une copie des sonnets parus jusqu'à cette date-là. C'est un manuscrit superbe, sur papier de Japon impérial où l'écriture de Pierre Louÿs dépasse tout ce qu'on peut imaginer. Après la publication des *Trophées*, il a annoté beaucoup d'exemplaires, — j'en connais huit, — de ce recueil dont le succès, on le sait, fut foudroyant. Plus tard, il réunit ces notes et fait des fiches, plusieurs pour chaque sonnet, d'une minutie incroyable. On y retrouvera la bibliographie complète de chaque pièce, ses sources, et même les confidences du Maître sur la gestation de quelques poèmes.

Mais ce qui est beaucoup plus important, après la mort de Heredia, Pierre Louÿs découvre dans les papiers du défunt une quantité considérable de fragments épars qui, assemblés, donnent l'étonnante amplitude de l'œuvre que Heredia avait conçue. Il s'agit de 147 sonnets! — achevés ou inachevés — où se trouvent les plus beaux vers du poète, surtout dans ceux destinés à compléter la série *L'Orient et les Tropiques*. J'espère qu'un jour, on se décidera à faire connaître ces épaves magnifiques. Par elles, on comprendra mieux le grand poète si injustement accusé de froideur. Heredia y montre, sous la discipline parnassienne, un lyrisme effréné. Et quelle force d'évocation et de synthèse! Je ne résiste pas au désir de transcrire pour terminer, trois vers, pas plus, mais trois vers formidables.

Voici. L'un, c'est le seul vers, le final, d'un sonnet intitulé *Jeanne d'Arc*. Ce vers vaut un poème:

Le léopard vautré dans la gloire des lys.

Et puis celui-ci, sur la tête d'Orphée (de Gustave Moreau) :

La lyre en a gardé son éternel soupir.

Et enfin le dernier, le plus beau, sur la *Mort de Tristan:*

Et, ne la voyant plus, il meurt de l'avoir vue.

Armand GODOY.

PIERRE LOUŸS
ET FRANÇOIS COPPÉE

*Lettres inédites de Pierre Louÿs et d'Albert Samain à
François Coppée (1896-1906.)*

Avant la publication d'*Aphrodite* par Pierre Louÿs, à
vingt-six ans, François Coppée ne connaissait pas le jeune
auteur, qui avait seulement envoyé au Maître les éditions
originales de ses premiers livres: les *Poésies de Méléagre*, en
1893; *Ariane, ou le Chemin de la paix éternelle et Astarté*, en
1894. Le 15 avril 1896, Coppée publiait dans le *Journal* un
article enthousiaste sur *Aphrodite*, qui venait de paraître dans
six fascicules du *Mercure de France*. Il louait les rares qualités
artistiques du roman, tout en faisant les réserves nécessaires au
point de vue de la morale. Le jour même, Albert Samain, qui
avait manifesté de son côté un vif enthousiasme, écrivait à
François Coppée:

15 avril 1896.

Jeudi.

Mon Cher Maître,

*Bravo!!! Je viens de lire votre article sur Pierre Louÿs et j'en
suis encore tout ému. Je vous assure qu'aimant moi-même passionnément
cette œuvre, j'ai éprouvé un peu de la joie que j'eusse ressentie, s'il se
fût agi de moi. Une fois de plus votre grand cœur vient de se montrer,
et aussi votre courage; et je me sens vraiment de tout cela si infiniment
heureux, que je ne puis résister au besoin de vous le dire et de vous en
remercier de tout mon cœur.*

*Votre affectueux
Albert SAMAIN.*

Le lendemain, Louÿs envoyait à Coppée les *Chansons de Bilitis* avec cette dédicace:

A M. François Coppée,
Hommage de profonde et respectueuse reconnaissance.

Pierre *LOUYS.*

Puis il allait le remercier en son logis de la rue Oudinot; il fut charmé de l'aimable accueil du poète et de la chaude cordialité des réunions du samedi, où il recevait, l'après-midi, ses amis des lettres. François Coppée avait rencontré en Louÿs un grand fumeur devant l'Eternel, et il reconnaissait, en riant, qu'il avait trouvé son maître, lui qui pourtant ne cessait de fumer d'innombrables cigarettes.

*
* *

Deux mois après, un mercredi soir, Samain écrivait à Coppée:

3 juin 1896

Mon cher Maître,

Je reçois à l'instant votre affectueuse invitation pour dimanche. Je vais m'empresser de la transmettre à Pierre Louÿs, qui demeure (je vous donne ce renseignement en passant) 11, rue de Chateaubriand. J'espère qu'il sera libre de son côté, comme je le suis du mien, et ce sera ainsi une fête charmante pour lui et pour moi. Nous prendrons, — si je me souviens bien, et je vais consulter l'indicateur, — le train de 4 heures, qui arrive à Mandres vers cinq heures. Et espérons qu'il fera beau temps!

Je vous prie de vouloir bien présenter mes respectueuses amitiés à Mademoiselle votre sœur.

Dans l'attente du plaisir de vous revoir et de vous trouver, je le souhaite, en meilleure santé que ces temps derniers, je suis, mon cher Maître,

Votre cordialement dévoué,
Albert SAMAIN.

Louÿs était enchanté d'aller passer un beau dimanche dans la belle propriété de Coppée, à Mandres, dans cette « Fraisière » tout embaumée par les roses qui, par un gracieux hommage d'un horticulteur de Villecresnes, portaient le nom du poète propriétaire:

Cher Maître,

Samain me transmet votre invitation pour dimanche, et bien que ma journée soit prise, je l'accepte, je me dégage. Je serai tout à fait heureux de passer cette soirée à Mandres.

Comme je l'avais prévu, il y a en ce moment, dans la presse cléricale de Paris et de tous les départements de l'Ouest, une campagne contre vous, et à cause de moi. Je veux vous répéter à cette occasion combien je vous suis, et pour toujours, reconnaissant de ce que vous avez fait. Votre article était d'une chaleur, d'une franchise et d'une conviction qui me sont allées au cœur. Mais il était aussi très brave, et ma gratitude pour vous en est encore plus profonde.

Veuillez croire, cher Maître, à mon plus respectueux dévouement.

Pierre LOUŸS.

Le 16 juin, *Aphrodite* en était à sa 26ᵉ édition: le succès du roman était certainement dû à la retentissante publicité du *Journal* et de l'article de François Coppée. Louÿs envoyait au poète, en juillet, un des neuf exemplaires d'*Aphrodite* sur papier Japon impérial, avec cette dédicace:

A M. François Coppée,

Ce faible témoignage d'une reconnaissance profonde.

Pierre LOUŸS.

L'année suivante, il lui envoyait un des dix exemplaires sur papier Whatman de son roman espagnol: *La Femme et le Pantin*, et un exemplaire sur Hollande de *Léda, ou la Louange des bienheureuses ténèbres.*

*
* *

Cher Maitre,

(lui écrivait-il en 1899, lors de son mariage avec Mlle Louise
de Heredia, fille cadette du poète)

*Laissez-moi vous remercier encore d'avoir bien voulu être mon
témoin aujourd'hui. Je sais combien vos heures sont précieuses, et que
vous avez, depuis cet hiver surtout, des préoccupations et des devoirs qui
auraient mille fois excusé votre absence. Vous êtes venu néanmoins, Vous
avez compris que je tenais à publier, dans une grave circonstance de ma
vie, l'affection reconnaissante que je vous ai vouée. J'en suis touché
profondément.*

Pierre LOUŸS.

Il ne partageait nullement les nouvelles convictions politi-
ques et religieuses de Coppée. Il ne renia pourtant pas, comme
d'autres, une sincère et profonde amitié. Il continua à lui
envoyer ses ouvrages, avec d'affectueuses dédicaces. En 1901,
les *Aventures du Roi Pausole*, « Hommage d'affectueuse
reconnaissance et de respect »; en 1903, *Sanguines*, « Hommage d'affectueuse et fidèle reconnaissance. »

Cher Maître,

(lui écrivait-il à cette époque, alors que Coppée venait de faire
l'expérience des amertumes, des déceptions, des ingratitudes de
la vie politique)

*Je ne suis pas allé vous voir tant que je vous ai su triomphant et
trop riche d'amis, parce que ma fidélité ne pouvait que vous être très
indifférente; mais aujourd'hui, je tiens tout particulièrement à vous exprimer mes très vives sympathies, ainsi que mon profond respect pour votre
caractère.*

Camille Erlanger venait d'écrire la partition d'*Aphrodite*,
sur un poème tiré par Louis de Gramont du roman de Louÿs.

Celui-ci écrivait en mars 1906 à Coppée:

> *Cher Maître,*
>
> *Voulez-vous accepter un fauteuil de balcon, — · le seul qui m'ait été donné — pour la répétition générale d'Aphrodite, qui aura lieu samedi, à 1 heure?*
>
> *Le roman vous doit tout. Je voudrais que la pièce eût l'honneur de se jouer en votre présence.*
>
> *J'irai prendre votre réponse chez vous demain après-midi, en vous apportant un exemplaire qui vous est destiné.*
>
> *Veuillez me croire toujours, cher Maître,*
>
> *Votre très reconnaissant*
>
> Pierre LOUŸS.

Reconnaissant, il le resta en effet jusqu'à la mort de Coppée, en mai 1908. Il devait lui survivre dix-sept ans encore!...

Jean MONVAL.

PIERRE LOUŸS
ET JEAN LORRAIN

« ...Ce qui fait une moyenne de trois livres par jour...
C'est-à-dire que l'homme qui ferait consciencieusement son
métier de critique littéraire et rendrait un compte exact de la
production quotidienne, serait, en trois mois, mûr pour la maison
de santé du Docteur Blanche, et qu'il n'y aurait, même pas
dans le *Jardin des Supplices*, de torture pareille à celle du
lecteur consciencieux. Les éditeurs sont vraiment bien coupables
d'encourager à cette course au néant tant de jeunes talents à
venir. Et pourtant, parmi tous ces volumes, il y a peut-être deux
ou trois âmes de poètes qui dorment, tels des diamants dans leur
gangue, et qu'un critique obstiné et loyal pourrait découvrir...
Où est le temps où l'apparition d'un livre passionnait toute la
presse, où le nom d'un inconnu le lundi était célèbre à la fin de
la semaine, où Jules Janin, Gautier, Paul de Saint-Victor,
Sainte-Beuve même, entamaient de longues discussions, dans
leurs feuilletons. sur la philosophie et les tendances de tel ou tel
qui venait de débuter dans un essai ou un roman? »

Ainsi s'exprimait Jean Lorrain, en 1899, dans un de ses
fameux *Pall Mall* signés Raitif de la Bretonne, — ce qui ne
l'empêchait pas, à une époque où la rubrique des *Livres* était
supprimée par les journaux et où Fernand Divoire n'avait pas
encore inventé le *Courrier littéraire*. d'être à peu près le seul
écrivain connu fidèle au journalisme s'obstinant, contre vents
et marées, à parler des romanciers, des poètes, à découvrir les
talents nouveaux, à créer, en dépit du mercantilisme déjà
envahissant. des réputations « pour rien, pour le plaisir », parce

que, quand quelque ouvrage lui avait plu ou déplu, aucune puissance humaine ne pouvait l'empêcher de le dire, de l'écrire et de l'imprimer.

J'ai conté, entre autres choses, (1) comment on put le voir arriver au Théâtre de *L'Œuvre*, brandissant la première plaquette d'Henry Bataille, (qui n'était encore que l'auteur, avec Robert d'Humières, de *La Belle au Bois Dormant*, féerie lyrique tombée « à plat ») et disant à tout venant: « Avez-vous lu *La Chambre blanche* d'Henry Bataille? Il faut lire çà: c'est d'un vrai poète. » Et dans les couloirs, il lisait, devant un demi-cercle de mondains et de confrères, des poèmes choisis parmi ceux du petit livre qu'il eut à la main toute la soirée.

Que ne fit-il pas, à l'heure où ils étaient inconnus ou peu connus, pour Rémy de Gourmont, Henri de Régnier, Franc Nohain, Ernest Lajeunesse, Francis Jammes, Louis Bertrand, Charles-Henry Hirsch, Maeterlinck, Paul Adam, Marcel Schwob, Albert Samain, Henri Ghéon, Emile Verhaeren, Hugues Rebell, Tristan Klingsor, Georges Eeckhoud, Gustave Kahn, Paul Fort, Viélé-Griffin, Jehan Rictus, (je cite au hasard de la mémoire) et tant d'autres qui, isolés et inédits, comme Louis Payen, qui vient de mourir secrétaire général de la Comédie-Française, — lui envoyaient, au *Journal*, leurs premiers vers! Quand ces vers étaient bons, ils les retrouvaient dans les *Pall-Mall*, (2) ce qui, en 1899, vous lançait du coup un auteur. On ne saura jamais tout le bien fait par Jean Lorrain dans cet ordre d'idées, — et personne plus que Pierre Louÿs ne ressentit les effets de sa fidélité admirative.

L'auteur de *Psyché* doit l'essentiel de sa renommée, — son talent à part, — à François Coppée et à Jean Lorrain. En ce qui concerne Coppée, Jules Mouquet et Jean Monval ont

---

(1) Cf. *Jean Lorrain*, par GEORGES NORMANDY (Collection « La vie anecdotique des grands écrivains », Rasmussen éd., 168, boulevard Saint-Germain, Paris, 1 volume), p. 125.

(2) Cf. *Pall-Mall Semaine*, 23 nov. 1899.

fait connaître le nécessaire. Essayons de rappeler *grosso modo* l'action de Jean Lorrain en faveur de Pierre Louÿs.

Lorsque ce dernier publia *Chrysis ou la Cérémonie matinale* (1) plaquette tirée à 125 exemplaires, il l'offrit à l'auteur d'*Ellen* avec cette dédicace:

« *A Jean Lorrain, en remerciement de la peine qu'il a prise pour faire accepter à l'Echo* (2) *la suite de ce tableau vivant. Pierre Louÿs.* »

On sait que *Chrysis* n'est autre chose que le début d'*Aphrodite*, le chef-d'œuvre fameux que tous les éditeurs de Paris, à l'exemple de l'*Echo de Paris* et d'autres journaux, refusèrent, pendant trois ans et plus, de publier sous leur firme. Personne ne fut aussi complètement renseigné que Lorrain sur les avatars de ce beau livre, puisqu'il chercha, pendant des mois, à le faire accepter par les publications dans lesquelles il avait des intelligences. En feuilletant ces *Pall Mall* (que je réunirai un jour, car ils présentent, pour la fin du XIXe siècle, un intérêt analogue à celui des *Mémoires de Saint-Simon*, pour le siècle de Louis XIV), nous trouverons des révélations intéressantes aussi bien sur *Aphrodite* que sur *Chrysis*.

En octobre 1896, (3) Jean Lorrain écrit:

« ...Elle a la main heureuse, cette direction du *Mercure de France*. C'est dans le *Mercure de France* que parut en feuilleton la divine *Aphrodite* de M. Pierre Louÿs, le plus gros succès littéraire du printemps. *Aphrodite* s'appelait alors l'*Esclavage* comme, trois ans avant, elle s'appelait: *Le Collier, le Peigne et le Miroir*, quand, enthousiaste du talent de l'auteur,

---

(1) Paris, Librairie de l'Art indépendant, 1893.

(2) L'*Echo de Paris*, dont Jean Lorrain était encore, à cette époque, l'un des principaux rédacteurs.

(3) Raitif de la Bretonne, *Pall-Mall Semaine. Le Journal*, 16 octobre 1896.

je colportais, sans aucun succès d'ailleurs, dans tous les bureaux de rédaction, ce roman aujourd'hui à son quarantième mille. Mais M. Pierre Louÿs était un inconnu, un inconnu comme MM. Henri de Régnier et Viélé-Griffin, que les éditions du *Mercure de France* ont popularisés depuis, un inconnu comme M. Emile Verhaeren, dont les poésies parues cette année, dans cette même maison, font aujourd'hui prime, un inconnu comme M. Georges Eeckhoud qui sera connu demain. »

Jean Lorrain qui, plus tard, se surnommait mélancoliquement lui-même le *Valet de Gloire*, ne se contentait pas de faire, comme plusieurs Maîtres de ce temps béni et lointain déjà, où les anciens lançaient les jeunes sans les connaître personnellement, Jean Lorrain, dis-je, *suivait* ses « découvertes », parachevant ainsi son action bienfaisante et n'ayant point de meilleure récompense que la joie d'avoir fait rendre justice à un talent, d'avoir métamorphosé un inconnu en un écrivain célèbre ou notoire.

Il ne cessa point d' « épauler » Pierre Louÿs. En septembre 1897, un éditeur allait lancer une édition illustrée d'*Aphrodite*. Raitif de la Bretonne le signale, toujours dans le *Journal*, par ces lignes qui conservent toute leur fraîcheur et tout leur intérêt:

« *Mardi 21 septembre.* — Galerie Vivienne, chez Duffau, l'éditeur d'art. La série des six eaux-fortes de M. Albert Laurens pour l'*Aphrodite* de Pierre Louÿs. M. Albert Laurens ne fera pas rougir son père, le peintre des *Emmurés de Carcassonne*, des *Enervés de Jumièges* et de l'*Interdit*. Cette suite d'eaux-fortes pour la *Chrysis*, d'une facture précise et d'un dessin très sûr, charment surtout par la très neuve et hardie compréhension que l'artiste a eue du monde antique. C'est la Grèce d'Asie évoquée et rendue par un cerveau d'un modernisme aigu, mais néanmoins nourri de sérieuses études classiques. Les eaux-fortes de l'orgie chez Bacchus et des courtisanes dans le temple de la déesse ont une originalité puissante; mais pour

Chrysis, M. Albert Laurens s'est évidemment inspiré de Mlle Cassive, et si voluptueuse que soit la physionomie de cette actrice, M. Laurens me semble bien avoir plutôt suivi son goût personnel que la tradition: la Chrysis de Pierre Louÿs est juive et Mlle Cassive l'a fait oublier à l'illustrateur.

« M. Pierre Louÿs est un heureux auteur: il inspire les artistes. Albert Besnard avait rêvé déjà d'illustrer *Aphrodite;* Calbet a semé d'une foule émoustillée de nudités émoustillantes, petits Tanagras à l'usage des vieillards, la belle édition que la Maison Guillaume fit de ce roman. J'ai eu entre les mains une *Aphrodite* aux images enluminées par Andhré des Gachons, imagier réservé jusqu'alors aux princesses moyenâgeuses, — et voilà que Jean-Paul Laurens, dans la personne de son fils, vient consacrer de son talent et de sa gloire le succès (myrtes et lauriers — et lauriers d'or: cinquantième mille!) de M. Pierre Louÿs.

« Qu'est devenue la pièce que M. Ferdinand Herold avait tirée d'*Aphrodite,* cinq actes de mise en scène aphrodisiaque et luxueuse que les deux auteurs destinaient d'abord à Sarah Bernhardt, qu'ils portèrent ensuite à Réjane et vont probablement reporter à la *Renaissance,* à moins que, sur leur chemin, Jane Hading ou la Duse... Car c'est maintenant le nouveau jeu. Tout auteur qui se respecte et qui veut être joué se partage entre les maisons Ulmann et Porel, Réjane ou Sarah, c'est le succès assuré. Etre joué par l'une vous amène forcément à être joué par l'autre.

A Vérone, jadis, deux familles rivales...

A moins que, comme M. de Porto-Riche, on ne finisse à l'Odéon. »

A toute occasion, Jean Lorrain cite Pierre Louÿs. Tant qu'il écrira des *Pall-Mall,* il ne négligera rien pour rappeler son nom et son talent au grand public. Sans commentaires, reprenons quelques-unes de ces citations si variées d'allures, si ingénieuses de forme, et toujours si amusantes:

« *30 juillet.* — Il pleut à verse. Mes malles sont bouclées. Je puis enfin partir. Il ne me reste plus à faire que le choix des livres à emporter pendant ces deux mois de villégiature. Çà pèse lourd, les livres; et je ne puis emmener avec moi tous ceux que j'aime. Voyons... Les poètes, d'abord: Henri de Régnier, Francis Viélé-Griffin, les *Chansons de Bilitis* de Pierre Louÿs, et mon ami Bataille avec sa *Chambre blanche.* Les autres... il y en a trop. Ceux-ci sont des amis de chevet, déjà lus, archi-lus et que je relirai! » (1)

« *Jeudi 4 février.* — Un dernier potin et nous n'en ferons plus. Le Banquet Mallarmé!... Le *Mercure de France* est accusé d'avoir confisqué à son profit le parfait écrivain de *Divagations.* En effet, à ce banquet, organisé presque sournoise-ment dans l'ombre, et où l'on eut aimé voir figurer des noms comme ceux de Léon Dierx, de Catulle Mendès et d'Octave Mirbeau, on est tout stupéfait de voir citer ceux de M. Pierre Louÿs, que je sais pertinemment à Alger, et de M. Francisque Sarcey, notoirement retiré en Béotie. » (2)

« *Lundi 21 juin.* — *Limited-garden-party.* La mode pren-dra-t-elle? Le genre vient d'être inauguré aujourd'hui. Où cela? C'est un mystère. La *garden-party* en question a du moins cet avantage sur l'autre que le nombre des invités y est des plus restreints, et les amusements offerts tout spécialement choisis. La *limited-garden-party* se donne toujours chez un garçon, dans une propriété close, sans apparence extérieure, mais d'un luxe d'autant plus précieux intérieurement. Elle ne comporte pas plus de trois femmes comme invitées, quelques hommes pour les flirts

---

(1) *Le Journal,* 8 août 1896.
(2) Id., 11 février 1897.

nécessaires; et les divertissements: musique, tableaux vivants, récitations diverses de prose et de poésie, exécutés par des artistes professionnels, y doivent être à la fois délicats et osés, juste assez pour alarmer la pudeur des belles visiteuses, sans toutefois effaroucher leurs préjugés d'éducation. Ainsi, à la *limited-party* dont je parle, les *Chansons de Bilitis*, même les *Elégies à Mitylène* furent récitées et mimées par Mlle A. Bilitis et Mlle C. Mnasidika.

« *De Glottis ou de Kysé, je ne sais qui j'épouserai. Comme elles ne se ressemblent pas, l'une ne me consolerait pas de l'autre, et j'ai peur de choisir.* »

« Puis ce fut une scène d'*Azyadée*, l'*Azyadée* de Pierre Loti, que le talentueux académicien ne donnera jamais au théâtre... » (1)

« J'eusse aimé pourtant admirer et toucher le collier de verrine à la fois mauve et glauque où Mourey a cru voir émeraudes et améthystes... Le joli titre pour Pierre Louÿs: *Le collier de pâte de verre!* » (2)

« Les livres: *Biblis*, de Pierre Louÿs, édition illustrée de la maison Guillaume, une suite à la captivante série d'*Aphrodite*, de *Léda* et de la *Maison sur le Nil...* » (3)

« ...Collection unique, en vérité, [*il s'agit d'une collection de figurines d'Asie Mineure appartenant au Dr Mardrus,*] demeurée radieuse et jeune à travers la cendre des siècles, comme un poème de Théocrite, et dont on voudrait voir les délicieuses et vivantes figures souligner de leur attitude un vers d'André Chénier ou un sonnet de Pierre Louÿs... » (4)

---

(1) Id., 29 juin 1898.
(2) Ibid.
(3) 12 janvier 1899.
(4) Id., 5 mars 1899.

« *Autre groupe.* — Et vous avez le temps de lire? — Il faut bien amuser ses amis! Ainsi, lundi dernier, j'ai fait déclamer des poésies de Mme de Montgommery. — Quelle âme! — Pigez-moi ces vers! Je les ai retenus:

> « *O les intimités de nos longs tête à tête!*
> *J'ai mis mon front sur les genoux,*
> *Et c'est ainsi que je devins poète!...* »

— C'est imprimé? — Chez Alphonse Lemerre, passage Choiseul. — A propos de femmes, avez-vous lu *Claudine à l'Ecole*, le dernier de Willy? — « *Bilitis à l'Ecole!* » Elle allait bien, la jeune Claudine! — C'est-à-dire que les jeux d'Aline et de la Danseuse, dans les *Aventures du Roi Pausole*, sont des jeux d'enfants à côté de ceux des deux institutrices! — Oui, du Louÿs plus franc. Moi, elle m'a amusé follement, cette petite Mademoiselle de Maupin-Sauvageon. » (1)

« ...Comparaisons neuves, mots aux épithètes on dirait frottées de fleurs et de soleil, sonorités lumineuses et fraîches, rythmes de phrases évocateurs de si divines nudités et de sensualités si païennes et si fines, qu'elles placent immédiatement Paul Fort, comme peintre d'idylles antiques, entre Marcel Schwob et Pierre Louÿs.

« *Et toi, Pan, souple et noir, dieu courant, penche-toi. Hume sur les bleuets la trace d'un beau pas, cueille un talon, attire toute la fleur vermeille. Les blés pour tes ébats vont s'ouvrir en corbeille.*

Livre des visions, par Paul Fort, lu dans le dernier numéro de l'Ermitage. *Honneur aux jeunes revues!* » (2)

[*Il s'agit de « La Route d'Emeraude »* d'Eugène Demolder] « ...Depuis l'*Aphrodite* de M. Pierre Louÿs et la *Nichina*

---

(1) *Le Journal*, 12 janvier 1899.
(2) Id., 5 août 1899.

de M. Hugues Rebell et, peut-être, *Les chevaux de Diomède*
de M. Rémy de Gourmont, je ne crois pas que M. Vallette
ait jamais donné pareille fête littéraire à ses lecteurs... » (1)

A Bagnères, où il fait une cure, Jean Lorrain relit son
auteur favori. Il le cite une fois de plus aux lecteurs du *Journal*,
il le commente, il le paraphrase :

« *Mercredi 21 août.* — « *Elle marcha très lentement par
la chambre, les mains croisées autour de la nuque, toute à la
volupté d'appliquer sur les dalles ses pieds nus où la sueur se
glaçait. Puis elle entra dans son bain.*

*Se regarder à travers l'eau était pour elle une jouissance.
Elle se voyait comme une grande coquille de nacre ouverte sur
un rocher. Sa peau devenait unie et parfaite; les lignes de ses
jambes s'allongeaient dans une lumière bleue; toute sa taille était
plus souple; elle ne reconnaissait plus ses mains. L'aisance de
son corps était telle qu'elle se soulevait sur deux doigts, se
laissait flotter un peu et retomber mollement sur le marbre sous
un remous léger qui heurtait son menton.*

*L'heure du bain était celle où Chrysis commençait à
s'adorer. Toutes les parties de son corps devenaient l'une après
l'autre l'objet d'une admiration tendre et d'une caresse prolon-
gée, et...* »

« Cette suggestive lecture pour qui, tous les matins, prend le
bain arsenical des thermes, attentif au clapotis de l'eau et aux
petits cris de femmes des cabines voisines, c'est un plaisir de la
poursuivre dans cet ombreux et frais décor du parc du Casino,
— le Casino un peu désert aujourd'hui à cause de Lourdes et
du pèlerinage national qui y attire tous les touristes. Bagnères
est vide depuis l'aube, toute sa population comme pompée à
travers la vallée de Tarbes par les attractions de la Grotte,
Bagnères où la bataille de fleurs de l'avant-veille avait amené

(1) Id., 12 août 1899.

toutes les campagnes environnantes. Et par cette lumineuse et
pure journée d'août, les allées du parc aux promeneurs rares,
avec leur poussière de confetti, ont le charme mélancolique d'un
lendemain de fête. La prose savante et voluptueuse de Pierre
Louÿs est la musique à souhait, l'accompagnement rêvé de ce
pays d'ombre et de soleil.

> « *Les satyres ont poursuivi dans les bois*
> *Les pieds légers des oréades;*
> *Ils ont chassé les nymphes sur les montagnes,*
> *Ils ont effarouché leurs yeux,*
> *Ils ont saisi leurs chevelures au vent,*
> *Ils ont pris leurs seins à la course*
> *Et courbé leurs torses chauds à la renverse*
> *Sur la mousse verte humectée;*
> *Et les beaux corps, et les beaux corps demi-divins*
> *S'étiraient avec la souffrance...*
> *Eros fait crier sur vos lèvres, ô femmes!*
> *Le désir douloureux et doux.* » (1)

Cette adorable page réveilla les souvenirs et les regrets de
divers receveurs buralistes, de certains philatélistes passionnés
ou de quelques vastes épicières de Saint-Benoît-du-Sault, de
Condom ou de Gourdon. Nous en avons la preuve dans une lettre de Jean Lorrain à Pierre Louÿs: « ...J'ai eu les plus stupides
ennuis au *Journal* pour la citation que j'ai faite de l'opinion de
Chrysis: il y a eu six désabonnements motivés! » Il est certain
que, devant six catastrophes de cet ordre, la direction du *Journal*
d'alors (2) dut faire à son illustre collaborateur des reproches
et des menaces épouvantables. Où est le grand quotidien qui de
nos jours, aurait l'indépendance de publier des *Pall-Mall* sans
les mutiler?

------

(1) Le *Journal*, et *Poussières de Paris* (Fayard frères, éd.),
page 265.

(2) Cf. *Le Manuscrit autographe*, juillet-août 1927, pages 70-79.
(Blaizot, éd., 21, boulevard Haussmann, Paris.)

Vous trouverez encore le nom de Pierre Louÿs dans l'étonnante *Madame Baringhel* (1) de Jean Lorrain, dans sa *Correspondance*, dans les deux volumes de ses *Poussières de Paris*, publiés, le premier par les frères Fayard et le second par Ollendorff (2). Relisons dans ce dernier ouvrage cette page, croquis nerveux du mariage de Pierre Louÿs, qu'on croirait tracé d'hier:

« *Samedi 24 juin.* — A Saint Philippe-du-Roule, midi et demi, le mariage de Pierre Louÿs, le dernier événement littéraire de la semaine. La bénédiction nuptiale de l'auteur d'*Aphrodite* aura clos la série des cérémonies élégantes où il faut être vu, où l'on doit se faire voir.

Naturellement, tout Paris est là, le Paris des revues littéraires, le Paris politique (MM. Leygues et Hanotaux), le Paris des salons (les ménages Ganderax et de Bonnières) et même le Paris cosmopolite, puisque la duchesse Paul de Mecklembourg! Tous ces Paris-là venus bien plus pour M. José-Maria de Hérédia que pour le poète et l'écrivain sensuel de *Bilitis.*

« Evénement très parisien », comme dirait M. Arthur Meyer, — dont les incidents sensationnels et les gloses à commentaires sont fournis par la robe de Madame Une Telle, plus ou moins en beauté, et la tenue du jeune marié. La redingote à collet de velours de M. Pierre Louÿs, sa cravate mauve et son pantalon gris perle réunissent tous les suffrages. On ne se mariera plus que comme ça. On trouve aussi très bien que M. Pierre Louÿs ait pris comme premier témoin M. François Coppée: cela est très crâne et a une belle allure indépendante par ces temps de dreyfusisme intellectuel. MM. René Maizeroy et Jean de Mitty ont le succès de boutonnière; on remarque l'œillet blanc de l'un et les bleuets de l'autre; on n'est pas

(1) Arthème Fayard, éd.

(2) Les livres de Jean Lorrain, publiés par Ollendorff, sont devenus la propriété d'Albin Michel, 22, rue Huyghens, Paris.

impunément du Petit Chapeau!... Madame Henri de Régnier a une bien jolie robe d'un cerise mourant, couleur de robe dite *singe malade:* c'est elle qui veut bien m'en informer; — et la princesse de Caraman-Chimay, d'une souplesse mouvante dans une robe si ajustée qu'on la dirait peinte sur elle-même, a plus de grâce encore que son portrait. MM. Paul Hervieu, Abel Hermant et Vandérem, impeccables et lustrés, semblent sortir de chez le même tailleur. M. Auguste Dorchain, avec des gestes d'Antigone, dirige la marche chancelante de M. Sully-Prudhomme. On cherche des yeux la comtesse Diane: elle n'y est pas. Madame de Bonnières, d'une fragilité d'héroïne de Keepsake, dans une humble petite robe de faille noire, (on n'est pas plus volontairement simple,) promène une langueur si lasse, une beauté si frêle qu'à la porte de la sacristie il lui faut une chaise pour s'asseoir. Trop faible pour se risquer dans la foule, elle attend patiemment le défilé et recueille les hommages au passage: Madame de Bonnières et sa cour. Madame Valette, la Rachilde de *La Tour d'Amour*, délicieusement amincie, elle aussi, le profil amenuisé et d'une pâleur de perle, arrive à lui ressembler. Dans un groupe de mondaines, affairée et très agitée, la comtesse Récopé. Enfin, moulée dans une robe vert Nil, ou plutôt vert du Rhin, tant l'étoffe en est pâlement glauque, voici la baronne Deslandres (la petite Ilse de l'Ile bienheureuse!) » (1)

. Ah! le joli temps où l'on ne pensait qu'à la Littérature. aux Arts et à l'Amour, — le joli temps qui ne reviendra plus!

Si Jean Lorrain, qui, dans sa sincérité irrépressible de « critique obstiné et loyal », ne demandait de reconnaissance à personne, fut très bon pour Pierre Louÿs, il est certain que l'auteur de *Psyché* fit montre, pour lui comme pour Coppée, d'une réelle reconnaissance. Des dédicaces l'attestent. Sur la page de garde d'*Aphrodite* (2), il écrit:

---

(1) *Poussières de Paris* (Albin Michel, éd.), p. 102-103.
(2) Ed. du *Mercure de France*, 1896.

« *A Jean Lorrain. Témoignage de gratitude et de sympa-thie. Pierre Louÿs.* »

Il manifeste même, à diverses reprises, de l'admiration. C'est ainsi qu'il adresse à l'auteur d'*Ellen* la belle édition des *Aventures du Roi Pausole* (1), avec l'ex-dono que voici:

« *A Jean Lorrain, en souvenir amical, — et pour lui demander l'admirable M. de Phocas. Pierre Louÿs.* »

Sauf quand on y est absolument obligé, on ne devrait jamais étudier l'homme, pour conserver d'un écrivain célèbre l'image vraie, (c'est la fausse très souvent,) — j'entends celle où il apparaît

Tel qu'en lui-même enfin l'éternité le change.

Je n'ai pas eu, je n'ai pas pu avoir la sagesse de m'arrêter à temps dans l'étude de Pierre Louÿs. Peut-être finira-t-on par savoir quelque jour, plus tard, — et je ne me chargerai pas de cette besogne, — qu'il y eut un Pierre Louÿs secret. Je me contenterai d'indiquer ici qu'un document intime m'a prouvé que la reconnaissance de Pierre Louÿs ne fut jamais qu'une apparence, — un fardeau dont il refusa de se charger. C'est dommage, certes, à mon point de vue de brave homme. Mais cela, qui ne saurait intéresser le grand public, ne diminue en rien ni le prodigieux talent de Pierre Louÿs, ni la valeur de son œuvre qui lui survit et qui vivra toujours dans la mémoire des générations futures.

Georges NORMANDY.

<hr>

(1) Fasquelle, 1901.

PIERRE LOUŸS
OU L'HOMME DE LETTRES

Quand j'essaye de synthétiser Pierre Louÿs, je me le représente comme un homme de lettres absolu, une sorte de littérateur quintessenciel. Chez un pareil auteur, le contenu importe moins que le contenant. Pierre Louÿs a toujours tendu au chef-d'œuvre; je ne pense pas qu'il l'ait tout à fait obtenu de la divinité jalouse qui tyrannise les hommes de lettres! Aucun de ses œuvrages n'emporte mon adhésion pleine et fervente, pas même *Aphrodite*, qui lui a mérité la gloire, ni non plus *La Femme et le Pantin*, qui est peut-être, cependant, la plus humaine de ses œuvres. Ses vers ne provoquent pas mon enthousiasme, encore que je les estime beaucoup. Mallarmé est infiniment plus haut que Pierre Louÿs poète, et le génie de Baudelaire passe immensément au-dessus de sa tête. Et cependant aucun des grands écrivains de prose ou de vers du XIXᵉ siècle ne réalise aussi parfaitement que celui-là l'archétype de l'homme de lettres. Or la littérature n'est pas seulement la vraie création de l'homme: elle est d'essence divine. C'est donc faire un éloge magnifique, hyperbolique, d'un écrivain que de lui décerner le titre de littérateur absolu.

A quoi tient cette supériorité d'un auteur qui n'a jamais, en fait, réalisé pleinement ce qu'il a conçu? Sans doute à sa foi, et à la hauteur de sa conception. Pierre Louÿs est disciple de Mallarmé, parce qu'il considère, au même titre que le Maître du Verbe, l'Ecrit, le Texte, comme la cause finale du Monde. Il y voit, lui aussi, la destination suprême du Cosmos. Louÿs ne pouvait écrire quoi que ce fût sans tâcher à porter cet écrit jusqu'à la quintessence. Il y a dans ce parti pris une grande naïveté; mais c'est sans conteste cette naïveté qui est l'adresse suprême, car elle est pureté, elle exige que l'auteur soit toujours un écrivain total : elle ne s'accommode pas du scepticisme. Il est parfaitement vrai, strictement exact, que la Poésie pure se confond avec la Pensée, avec la Vie ; car il n'y a pas lieu de distinguer, dans l'Écrit, une forme et un fond, comme dans le langage abstrait. Même un romancier, lorsqu'il atteint à l'expression stricte, atteint du même coup au maximum dans l'ordre intérieur. L'un suppose l'autre. Créer, au sens verbal, c'est créer aussi sur le plan des caractères. John-Antoine Nau avait coutume de n'estimer chez un romancier que la couleur et le tact psychologique. Il avait tellement raison que — je le démontrerais aisément — l'atome de couleur correspond à l'atome de psychologie. C'est cela que signifie l'entité de poésie pure, un fantôme qui se promène maintenant sur le forum !

Si donc Pierre Louÿs n'est pas le plus grand des écrivains possibles, c'est que son génie a trahi son ambition ; il bandait son arc — mais ses forces ne pouvaient assez tendre la corde — en dirigeant toujours sa flèche vers le zénith.

De ce que je viens d'affirmer, je répète que tous les ouvrages de notre auteur renferment la preuve pour le lecteur, si ce lecteur est lui-même un écrivain digne du nom. Mais que l'on relise son *Art poétique !* Il résonne de façon formidable. L'auteur, pour parler de son art, se place — je l'en loue ! — sur le trépied de la Sibylle, et même les *Divagations* ne présentent pas cette sérénité majestueuse, cette conviction simple faite d'une équanimité dans la certitude. On acquiesce, en lisant ces lignes, au dogme de l'écrivain absolu. Je note encore l'enthousiasme de l'auteur lorsqu'il se trouve en présence, par exemple, de la première *Eglogue* de Virgile. Rappelez-vous en quels termes il la commente ! John-Antoine Nau, dans les lettres qu'il m'écrivait, avait de ces bouffées de certitude. Il me rappelait le

Sylvestrem tenui musam meditaris avena

et le

Formosam resonare doces Amaryllida sylvas

qui est le plus beau vers que la Muse ait enfanté !

Mais de la vocation de Pierre Louÿs témoigne surtout son *Journal inédit (2ᵉ partie: du 14 avril 1890 au 1ᵉʳ octobre 1892)*, dont le *Manuscrit Autographe* (1) a commencé la publication et qu'il entend parachever. Là est le chef-d'œuvre de cet auteur.

JEAN ROYERE.

____

(1) Blaizot, éd., 21, boulevard Haussmann, Paris.

POUR LE TOMBEAU
DE PIERRE LOUŸS

Que la couche fût d'or, de rose ou de fougère,
Sur les rivages de beauté
Il a chéri la volupté:
La terre lui sera légère.

Gaston GÉRARDOT.

Le 8 octobre 1927.

A PIERRE LOUŸS

Quand vous avez suivi les joueuses de flûtes,
Elles allaient dansant par le soleil pieux.
En même temps vous eûtes
Le désir de la femme et le culte des dieux.

Vous êtes à présent parmi les asphodèles.
Au bord du fleuve noir vous aurez su choisir
Deux ombres des plus belles:
Celle de la Musique et celle du Plaisir.

Fernand MAZADE.

Le 22 septembre 1927.

CE QUE FUT LA QUERELLE
CORNEILLE-MOLIÈRE

Ronsard, Corneille, Chénier. Victor Hugo formaient, pour le génie plastique, éminemment parnassien, de Pierre Louÿs, une indestructible chaîne et la tradition la plus solide de notre histoire poétique. Surtout l'art et la technique de Corneille furent l'objet de sa plus fervente étude. Il s'était appris à examiner la structure essentielle des vers; rien n'échappait à son microscope: ainsi était-il parvenu à distinguer ce qui est proprement *cornélien*. L'agencement des consonnes et des voyelles, leur rebondissement, l'accent personnel, les habitudes mentales et orales, bref, tout cela qui ne pouvait se trahir qu'à l'oreille d'un poète, il l'avait reconnu et marqué.

C'est à ces analyses et à ces alchimies qu'il se livrait dans sa retraite, y goûtant un plaisir d'autant plus pur qu'il ne le partageait avec personne. Et il avait fini par se faire de Pierre Corneille l'image d'un homme solitaire, comme lui, mystérieux, hautain, et pour qui la poésie constituait à la fois une religion et un soulagement.

Il s'avisa qu'il pouvait y avoir dans le théâtre de Corneille, comme dans celui de Richard Wagner, comme dans celui de tous les poètes, une sorte de mythologie personnelle et secrète, et que cet homme pouvait avoir confié à son génie ce qu'il voulait que son siècle ignorât. D'autre part, il avait découvert grâce à ses subtiles méthodes d'expertise verbale, que les textes que nous avons de Molière renferment des béquets, des remaniements, et qu'on y peut entendre comme deux voix, l'une plate et maladroite, l'autre étrangement assurée, ferme et habile. A n'en pas douter, celle-ci était la voix de Corneille: même contexture phonétique, même timbre et jusqu'aux mêmes expressions. Bientôt les marques de son édition de Molière furent entièrement couvertes de traits bleus et de traits rouges, qui séparaient l'ivraie du bon grain. Des rencontres curieuses, des dates saillantes, plusieurs détails frappants de la vie de Corneille et de Molière, et de leurs rapports, apportaient la confirmation de l'histoire à cette hypothèse de technique poétique.

Et ce qui se dégageait de cette merveilleuse aventure intellectuelle était l'ébauche d'une psychologie du poète, d'une analyse du phénomène poétique dans ce qu'il a de plus intime, quelque chose enfin qui ne pouvait manquer de surprendre les critiques, les journalistes, les esprits objectifs et les esprits superficiels, et que seul pouvait imaginer un homme ayant vécu en poète, ayant connu lui-même — et avec quelle foi et quelle passion! — cette expérience particulière qui bouleverse tous les principes de la raison commune, toutes les mesures de l'homme satisfait de son état d'homme.

JEAN CASSOU.

LE HUGUENOT TAXIS
GRAND EUNUQUE ROI

Que d'autres célèbrent le Roi Pausole, Aphrodite ou Bilitis; moi, modeste, me contenterai d'entonner le los du Huguenot Taxis. Et sa longue lévite, et sa plus longue figure, et sa rosse hongrée, blasonnée pour l'éternité au millésime de 1572. Car ils ne l'oublieront jamais, les longues figures. Ni nous, dont les trop patients aïeux avaient subi douze ans de saints-barthélemys avant de se rebiffer enfin.

Le divin Shakespeare avait typé Angélo, l'incorruptible corrupteur. Et symétriquement le lunatique Malvolio, dit Mauvais-poil, l'amoureux transi de la patronne. Ce génie sain s'en rigolait pour l'exemple de son neveu Molière, et son Tartufe; et il a fallu en venir au maladif Hugo pour contempler cette incongruité d'un chevalier du plumeau et du pot amant fructueux de sa reine.

Giguelilot-Pierre Louÿs remet toutes choses en place. Que sa jeunesse ait souffert en effet chez les longues figures, et qu'il s'en soit voulu revancher, on le dit et c'est probable; mais qu'importe? Ni plus ni moins qu'Ubu-Roi reflète ses farces de collège à Alfred Jarry. Qu'importe: ils ont enfanté ce double type aussi beau que Tartufe, immortel comme lui. Père-Ubu, la Démocratie merdoyante, et Huguenot-Taxis la Démocratie constipée. Jusqu'à l'eunuquat, l'eunuquat prosélyte de l'Armée du Salut. Père-Ubu a saisi toutes fonctions électorales lucratives, afin de s'y engraisser, tuer tout le monde et puis s'en aller. Le multiple Huguenot Taxis a saisi tous les points stratégiques: haute politique, haute administration, haut enseignement, et tout. Et triomphe enfin avec les fanfares de noble lord Crewe intronisant la congrégation des 11.000 vierges de la *Salvation Army;* ou plus joyeusement par les sifflomanies de la Légion Américaine, laquelle nous sauva à la 11ᵉ heure 3/4, comme il est écrit.

Pauvres Français! Pierre Louÿs est mort tout juste à temps; on ne lui eût plus permis de rappeler la date fatidique: car tant l'on crie Noël... Merci, Pierre Louÿs, consolateur de l'humanité souffrante!

FAGUS.

AUTOUR D'ASTARTÉ

Voici environ un an, les Editions Crés ont publié, dans leur collection « Le Musée du Livre », les *Poésies* de Pierre Louÿs, qu'une édition courante vint mettre ensuite à la disposition de chacun.

Ces poèmes étaient inconnus de la plupart. Certains avaient paru jadis dans de petites revues souvent éphémères, peu connues et devenues fort rares; ainsi les Hamadryades, publiées par *Le Centaure*. D'autres avaient fait l'objet d'une plaquette et vu le jour en 1892. C'est l'*Astarté*. Et il en est enfin qui furent trouvés dans les papiers du poète, et passent ainsi, aujourd'hui, pour la première fois sous nos yeux.

Cette édition est donc de tous points fort intéressante. Elle nous épargne d'aller glaner à force de temps et de peine, parmi maintes revues malaisées à retrouver, sans que nous nous sentions assurés de posséder tous les poèmes de Louÿs. Aussi elle nous apporte d'intéressantes variantes. Dans une note, les éditeurs nous indiquent que cette publication est faite sur les originaux de l'auteur. Il faut lire: les originaux corrigés par l'auteur. Car, en ce qui concerne certaines pièces de l'*Astarté* tout au moins, nous possédons parfois trois rédactions différentes. Il s'agit ici des poèmes parus en préoriginale dans la revue *La Conque*.

La Conque « anthologie des plus jeunes poètes » naquit le quinze mars 1891. Elle limitait son existence à douze livraisons (tirées à cent exemplaires sur papier de luxe), dont en réalité onze seulement parurent. Les manuscrits et abonnements devaient parvenir à M. P. Louÿs, 49, rue Vineuse. Chaque numéro comprenait quelques vers d'un maître, auquel les « plus jeunes poètes » emboîtaient le pas. Leconte de Lisle inaugura de la sorte la jeune revue, et nous lisons, parmi les collaborateurs habituels, les noms de P. Valéry, A. Gide, L. Blum, H. Bérenger et P. L.

P. L. publia un poème dans chaque livraison (sauf la sixième), et ne se détermina qu'au dernier fascicule à signer Pierre Louÿs. Voici dans l'ordre de leur parution ces poèmes:

Livraison n° 1 du 15 mars 1891: La nuit sur l'Idole.
    »   2 du 1er avril 1891: Le Crépuscule de l'Eau.
    »   3 du 1er mai 1891: La femme qui danse.
    »   4 du 1er juin 1891: Piédestal.
    »   5 du 1er juillet 1891: Le Stigmate.
    »   7 du 1er septembre 1891: D'Etoiles.
    »   8 du 1er oct. 1891: Naïf, aux yeux à fleur de tête...
    »   9 du 1er novembre 1891: La femme aux paons.
    »   10 du 1er décembre 1891: Glaucé.
    »   11 sans date: Au Prince Taciturne. (1)

Ces poèmes, avec seize autres: (à P. A. Valéry; Astarté; les Filles du Dieu; Emaux sur or et sur argent I, II, III; Heure morose; vers les yeux des Sirènes; l'Effloraison; les Aigles; Pégase; le Retour des Nefs; un Port; Chrysis; Chute de jour; l'Ange) devaient composer l'*Astarté*: vingt-cinq poèmes, tiré à cent exemplaires numérotés, portant la date de 1891, et l'achevé d'imprimer du 24 avril 1892, « Se trouve à la librairie de l'Art Indépendant. »

Ces vingt-cinq poèmes, auxquels il y a lieu d'ajouter la dédicace (à P. A. Valéry) comprennent douze sonnets, sept pièces de 5, 4, 3, 2, et 1 vers, et sept pièces de forme irrégulière. Nous les retrouvons dans les *Poésies* reproduits, à quelques corrections près, selon l'*Astarté*. Mais les poésies communes à

----

(1) Ces poèmes, repris dans Astarté, y sont dénommés: La Nuit — Le Crépuscule de l'Eau — La Danseuse — Le Symbole — Les Stigmates — Funérailles - - Le Geste de la lance — La femme aux paons — Glaucé — Au Prince Taciturne.

cette plaquette et à *La Conque* présentent parfois des rédactions fort différentes. Et il n'est peut-être pas sans intérêt de connaître certaines des variantes — les plus importantes, à tout le moins — qui différencient les deux textes.

La Nuit sur l'Idole, placée sous le signe de Mallarmé, comprend quatre strophes de neuf vers. Dans la première, nous lisons, aux feuilles de *La Conque :*

> *C'est le geste des chevaliers noirs*
> *Au vol des blancheurs que l'ombre azure*
> *Haussant en corps les tremblants hanaps.*

Astarté, sous le titre : la Nuit, corrige :

> *C'est le geste des peupliers noirs*
> *Au vol des blancheurs que l'ombre azure*
> Lents éventer les cheveux des parcs.

et, pour ce dernier vers, *Poésies* note : lents (*d'*) éventer...

Aux derniers vers de la strophe quatrième, deux corrections intéressantes encore :

> *Vers qui si calme, encor qu'éperdue,*
> *Dans un frisson lent monte ma Foi,*
>
> (Dans la Conque.)

> *Vers qui si calme et si répandue*
> Avec les encens *monte* la *foi.*
>
> (Astarté.)

Passons « le Crépuscule de l'Eau », où les variantes sont peu nombreuses. Et voici « la Femme qui danse », devenue en 1892 la danseuse. Rédactions tellement différentes, selon *La Conque* ou l'*Astarté,* que nous donnons les deux textes.

LA FEMME QUI DANSE

Elle danse, elle est nue, elle est jeune; ses flancs
Ondulent avec un déhanchement farouche;
Un frisson lumineux monte de ses pieds blancs,
Mais le sourire fait une fleur de la bouche
Sous le regard languide entre les cils tremblants.

Ses doigts caressent vers des lèvres ignorées
Le galbe blanc, la chaleur douce de ses seins
Et son battement d'aile invite les essaims
Des baisers, à l'abri des épaules dorées.

Puis la taille, ployée à la renverse, tend
Le pur ventre, gonflé d'un souffle intermittent, —
Et sur l'arachnéen fourreau noir de sa robe

Deux lys voluptueux avec des gestes vains
Ses bras tourneurs au rythme lent des luths divins

Cherchent l'imaginaire amant qui se dérobe...

On aura remarqué la forme de ce poème — (5, 4, 3, 2 et
1 vers; forme chère à Louÿs). Le même poème, devenu « La
Danseuse », paraît dans *Astarté* en sonnet.

LA DANSEUSE

Elle tourne, elle est nue, elle est grave; ses flancs
Ondulent d'ombre bleue et de sueur farouche.
Dans les cheveux mouillés s'ouvre rouge la bouche
Et le regard se meurt entre les cils tremblants.

Ses doigts caressent vers des lèvres ignorées
La peau douce, la chaleur molle de ses seins.
Ses coudes étendus comme sur des coussins
Ouvrent le baiser creux des aisselles dorées.

Mais la taille, ployée à la renverse, tend
Le pur ventre, gonflé d'un souffle intermittent, —
Et sous l'arachnéen tissu noir de sa robe

Ses bras tendres avec des gestes assoupis,
Ses pieds froids sur les arabesques des tapis
Cherchent l'imaginaire amant qui se dérobe..

Vient ensuite Piédestal — (Le Symbole, dans *Astarté*).
Nous relèverions des variantes dans chaque partie du poème.
Citons seulement les vers suivants pour leur rédaction si
différente:

. . . .

O chapelle

Où quelque voix de silence m'appelle

Enveloppé de laine blanche à plis profonds

Seul

Voilant sous ce gonflement de linceul

Les sursauts mâtés des désirs moribonds

J'irai

Vers le chœur de l'Esprit ignoré

Où s'épure à genoux la malheureuse âme

Aux pâles rayons des mains hautes et vierges.

(Extrait de la Conque.)

. . . .

O chapelle

Où cette voix de silence m'appelle

Enroulé de laine blanche à plis réguliers

Seul

Traînant en arrière aux remous du linceul

Les sursauts mâtés des désirs oubliés

J'irai

Vers le chœur de l'Esprit ignoré

Où s'épure à genoux toute ignominie

Aux plus clairs rayons des mains hautes et vierges.

(Dans Astarté.)

Mais *La Conque* ajoute cette strophe finale, qui ne fut
reprise ni dans *Astarté*, ni dans *Poésies:*

Et gisant par le désert des dalles

Effrayé de la nef soudain tue

J'évoquerai la forme féminine surgie

Hors des lignes pyramidales

Mes yeux en éveil m'ouvriront leur magie
Grands ouverts sur le rêve
De la Vierge en la paix des voiles, qui s'élève.

(Fragment de La Vierge.)

Le Stigmate — devenu **Les Stigmates.** Ensemble de trois poèmes, dont les deux derniers ont reçu des retouches profondes, que voici :

II

Or voici: toute la nef sonore
Murmurante au bruit de ses pas
Chantait: c'est la passion lustrale
Les mécréants ne sauront pas.

Offre au Seigneur tes lèvres pour myrrhe
Offre ton souffle pour encens
Offre tes longs yeux d'or où se mire
L'ombre des soirs incandescents.

Offre au Seigneur ta blancheur de vierge
Sous l'aurore de tes cheveux
Et tout ton corps brûlé comme un cierge
En holocauste au dieu des vœux

Agenouillée en Vierge Marie,
Avec le geste triomphant
De tendre au Sauveur de Samarie
Ton grand cœur de mère et d'enfant.

III

Le poète parle:

O, splendide comme une idole
Laissant palpiter sur tes bras blonds
Tes cheveux dorés pour étole...
Levant les mains vers les vitraux longs

Retourne-toi, haute et nimbée
O Vierge, ô Mère, ô Cœur sans amant,
Vers la faible forme courbée
Qui tremble dans l'ombre follement;

Et noire sur l'aube indécise
Les pieds joints sous les plis étendus
Telle que Saint François d'Assise
Montrant le Stigmate aux éperdus,

Montre au cœur pur que tu fascines
— D'horreur et d'orgueil les doigts ailés —
La trace des lèvres divines
Aux pointes de tes seins étoilés.

Voici maintenant la rédaction relevée dans *Astarté* et dans
Poésies:

II

Or voici: toute la cathédrale
Murmurante au bruit de ses pas
Chantait: c'est la passion lustrale
Les mécréants ne sauront pas.

Offre à Jésus tes lèvres pour myrrhe
Offre ton souffle pour encens
Offre tes yeux d'eau vive où se mire
L'ombre des soirs incandescents.

Offre ta maigreur mystique, ô Vierge
Long-vêtue en tes purs cheveux
Ton long corps blanc brûlé comme un cierge
En holocauste au dieu des vœux

Dans la chaleur des eucharisties
Avec le geste triomphant
De tendre à Dieu deux vierges hosties
Deux grands cœurs de mère et d'enfant.

III

Et splendide comme une idole
Laissant palpiter sur tes bras blonds
Tes cheveux brodés pour étole...

Levant les mains vers les vitraux longs
Retourne-toi, haute et nimbée
O Vierge, Mère, pur cœur de feu
Ame à tout jamais absorbée
Par l'extase épuisante vers Dieu

Et noire sur l'aube indécise
Les pieds joints et les yeux éperdus,
Telle que Saint François d'Assise
Stigmatisé les bras étendus.

Montre de tes mains sybillines
— D'horreur et d'orgueil les doigts ailés —
La trace des lèvres divines
Aux pointes de tes seins étoilés.

D'Etoiles, que reprendra *Astarté* sous le nom de Funérailles. Voici les deux poèmes:

D'ÉTOILES

Le désir infini suscité par les astres
Monte avec le noir, tremble avec l'ombre de nuit.
Le cœur de marbre pur et qui s'épanouit
Fleur! ô les cœurs d'acanthe aux cous blancs des pilastres!
Eclôt d'une colonne où l'or des astres luit.

Les souvenirs de l'être et la vie et du jour
Se perdent, vieux voiles oubliés par leur âme.
Le cœur, rose de glace aux doigts d'Elle, se pâme
Et défaille et périt de la mort de l'amour.

Il se meurt d'une envie éternelle. Tranquille,
Sa vision descend dans la nuit immobile
Descend, neige et l'ensevelit comme un époux,
Extase qui revient des étoiles heureuses
Suivre dans l'air nocturne au morne deuil des fous
Le silence mortel mené par les pleureuses.

FUNÉRAILLES

Plus pur que l'air nocturne où l'or bleu s'éblouit,
Plus pur que *le désir suscité par les astres*
Un *cœur de marbre qu'un lent souffle épanouit*
Fleur! ô les cœurs d'acanthe aux cous blancs des pilastres!
Eclôt d'une colonne où l'or des astres luit.

Les souvenirs de l'être et du jour et du bruit
Se perdent, vieux voiles oubliés par leur âme.
Le cœur, rose de glace aux doigts d'Elle, réclame
Le crêpe en lourds flots noirs des longs deuils de la nuit.

Il se meurt d'une envie éternelle et tranquille.
Sa vision descend dans l'hiver immobile.
Descend, neige et l'ensevelit de lins ailés,

Extase qui revient des étoiles heureuses
Suivre dans les déserts vers les lieux révélés

Le silence mortel mené par les pleureuses.

Enfin, dans la livraison dix de *La Conque*, Glaucé. Dans la première strophe, l'on peut lire:

> « ...*Comme un nénufar et sa corolle saigne*
> *Elle toute en or ruisselant...* »

et plus tard, dans *Astarté:*

> « *Comme un nénufar rouge qui saigne*
> *Elle est toute en or avec des taches de sang...* »

Et dans le cours de ce poème. nous trouvons d'autres corrections encore.

Différences essentielles, capitales — on l'a vu — entre la *Conque* et *Astarté.* A côté de celles que nous avons relevées, il en est de moins importantes ayant trait à la ponctuation, à un mot remplacé, qui ne peuvent trouver place ici.

Entre les textes d'*Astarté* et de *Poésies*, les corrections se réduisent à peu de chose. Un mot corrigé de loin en loin (même dans les citations), une fin de vers modifiée:

« Héros de l'aube ou de l'azur » au lieu de « Héros d'argent, d'aube ou d'azur », dans Au Prince Taciturne;

« Qu'homme ni Dieu n'attelle » pour « Que nul cran d'or n'attelle », dans Pégase.

Les plus importantes visent le poème dénommé *Chrysis* dans *Astarté* et *Le Boucoliaste* dans *Poésies:*

> « *La flûte qui fléchit sous les doigts allongés*
> *Comme un bras effleuré de femme par les lèvres,*
> *Vibre, et le clair essaim des trilles encagés*
> *S'envole entre les sauts bucoliques des chèvres.*
> . . . .
> *Les Muses sont trop loin de la voix des bergers*
> *Et le seul dieu du jour superbe les prosterne.* »

devient:

> « *La flûte qui fléchit sous les doigts allongés*
> *Docile à s'animer comme la femme aux lèvres,*
> *Vibre, et le clair essaim des trilles encagés*
> *Se mêle aux bêlements bucoliques des chèvres.*
> . . . .
> *Les Muses sont trop loin de la voix des bergers*
> *Qu'une cigale inspire et qu'un vol noir consterne.* »

Ces variantes ont leur explication toute simple. En 1900, comme Paul Léautaud préparait ses: « Poètes d'aujourd'hui », Pierre Louÿs lui envoya huit poèmes dont quatre tirés d'Astarté (Au Prince Taciturne, Pégase, Chute de jour, le Boucoliaste). Mais avant de les remettre à P. Léautaud, Louÿs les avait retravaillés. C'est cette rédaction nouvelle que *Poésies* a recueillie.

L'on ne trouve donc de rédactions diverses très accusées qu'entre les poèmes de *La Conque* et ceux d'*Astarté*. Les premiers paraissaient, pour ainsi dire, au soir même de leur composition (1891). Pierre Louÿs les révisa presqu'aussitôt pour les insérer dans *Astarté* (1892). Par la suite, il n'y eut plus lieu qu'à des retouches insignifiantes. Le pur écrivain avait produit une œuvre achevée. Car il possédait, qu'il s'agisse de vers ou de prose, le don du définitif, la rare faculté de couler en quelque sorte un chef-d'œuvre du premier jet.

René DERVILLE.

LA POÉSIE DE PIERRE LOUŸS

Il n'est guère de carrière poétique plus curieuse que celle
de Pierre Louÿs. Un prélude soupiré de vingt à vingt et un ans
(*Astarté*) suivi d'une éclosion triennale (*Iris — Aquarelles*
Puis, le silence, à peine interrompu (*Sumène* 1899) de quelques
dix années jusqu'à la floraison des poèmes intitulés « *Stances* »
dont « Isthi » est le plus récent (1916).

Le « silence » osons-nous dire! Quelle vanité d'appeler
d'un tel nom l'absence de production poétique pure, si, selon la
juste remarque de René Lalou « le poète est partout présent
dans l'œuvre de Louÿs. » Et quelle poésie! Celle qui ranime
sa flamme au foyer de l'érudition la plus sûre et la plus exquise;
celle qui l'entretient dans l'élan le plus intense vers la plus pure
beauté! Et le Rythme anime souverainement toute l'œuvre de
Pierre Louÿs, il porte jusque dans la moindre phrase la puissance et la souplesse de ses multiples séductions. Il brille dans
« *Aphrodite* » comme dans « *Astarté* »; et entre ce poème et
ce roman, pour parfaire la transition, il affirme encore la
sûreté mystérieuse de sa loi dans les précieuses proses rythmées
des « Quatorze Images ». Mais ce n'est pas seulement la même
musique, ce sont les mêmes noms, les mêmes prestigieux fantômes, Chrysis et Aphrodite, qui feront triompher partout, en
prose comme en vers, la même idéale plasticité, la même lucide et
pleine possession spirituelle. Néanmoins, les besoins de la critique nous obligent à séparer de l'œuvre de Louÿs, ce qui en est
comme la plus fine, la plus parfaite sublimation...

Nous trompons-nous, en affirmant que les plus profondes
recherches de l'érudit Pierre Louÿs sont à la base des plus
hautes réalisations de l'artiste? On a quelque peine à se figurer

ce poète, plongé dans la lecture des manuscrits rares et des
parchemins poussiéreux, levant parfois son œil luisant et velouté,
d'une incisive caresse, au charme un peu inquiétant et oriental...
Aima-t-il les chartes, autant que le chartiste Hérédia, dont
l'inspiration est parfois sœur de la sienne? En tout cas, ses plus
beaux vers sont souvent ceux où brille, avec l'éclat poétique le
plus pur, la plus forte exactitude scientifique. Et cette culture
variée n'est pas sans prêter à tous les poèmes un caractère fine-
ment nuancé, tour à tour mystique (*Effloraison*), historique
(*Cléopâtre*), légendaire (*Le Geste de la Lance*), allégorique
(*Iris*), fantastique (*La Prairie*), plastique (*La Danse*). L'inspiration mythologique, dominante, est, en particulier, celle des
« sonnets » où l'écrivain atteint le plus haut degré de stylisation.
Mais par mythologie, il ne faut point entendre ici ce vieux
magasin d'accessoires poussiéreux où gisent, pêle-mêle, le trident
de Neptune, le sablier du Temps et la roue de la Fortune...
C'est, au contraire, une forme rajeunie du grand naturalisme
païen, une véritable survivance de la religion grecque de la
Beauté. Philosophie esthétique où la splendeur des lignes et des
formes ne se peut séparer du calcul exact qui les a conçues, de
l'idée qui préside à leur groupement pour l'expression synthé-
tique et l'interprétation rationnelle et dramatique de la Vie.
Est-il donc antique et profondément grec, cet artiste épris de
beauté? Comme les mots sont impuissants à exprimer un tel
génie! Grec? Pas tout à fait, si l'on se rappelle qu'il y eut dans
l'Hellade une sorte d'utilisation du Beau — disons avec plus
de respect, de noble asservissement — à des fins d'ordre pratique, à un idéal harmonieux d'éducation nationale et civique.
Dans la pierre et sur le marbre, tout exalte, tout fait vibrer
l'image traditionnelle de l'esprit de la race. Pour un indépendant
comme Pierre Louÿs, la Beauté reste la possession jalouse, la
suprême conquête d'une intelligence qui, après l'avoir adorée
dans la nature, la recrée, avec un souverain détachement, dans
l'œuvre d'art impérissable. Après avoir tenu Démétrios dans les
fers de son esclavage, la beauté de Chrysis n'est plus que l'ins-

trument de son art créateur... Pourtant, c'est à la pure antiquité grecque que reviendra plus tard l'auteur d'Aphrodite. Mais son esprit curieux et vaste n'a pas été sans enrichir le trésor de la mythologie classique des richesses mythiques du Nord et surtout de l'Orient. L'Orient! N'est-ce pas, en effet, la source éternelle du merveilleux, la patrie la plus reculée, sur le double plan du temps et de l'espace, de tous les mythes et de tous les symboles? La poésie, la philosophie hindoues n'ont-elles pas précédé et même permis la philosophie et la poésie de la Grèce? C'est sous le signe de la vierge syrienne et lunaire, Astarté (autre nom d'Aphrodite), et non sous celui de Minerve — Athéna — que s'ouvrent les poésies groupées dans l'édition Crès. « Astarté », c'est la déesse nocturne aux proportions surhumaines; ce qui l'entoure, ce n'est pas la sereine clarté de l'Hellade, mais le clair obscur, le mystère étoilé, la rêveuse grandeur des nuits de l'Orient fantastique:

> *« Elle tient dans ses doigts extatiques et bleus*
> *« Au pli vierge du sexe un lotus fabuleux*
> *« Et deux tiges de lys qui sortent des aisselles*
>
> *« Glissent le long du corps leur geste divergent*
> *« Toucher dans le reflet des nuits universelles*
> *« Le marbre où sont fléchis ses pieds ornés d'argent. »* (1)

Toujours éclectique et avide d'unité, cependant, l'imagination du poète fera encore surgir, après cette divinité de l'Orient, la « Walkyrie blonde » des brumes germaniques et la Vierge-Mère chrétienne que l'on voit s'offrir.

> *« Dans la chaleur des eucharisties*
> *« Avec le geste triomphant*
> *« De tendre à Dieu deux vierges hosties*
> *« Deux grands cœurs de mère et d'enfant. »* (2)

----

(1) p. 18. — (2) p. 46.

D'une façon générale, la poésie de Pierre Louÿs tend toujours à l'expression sinon mythique, du moins symbolique ou fortement stylisée. Témoin — entre tant d'autres — ce tableau qui, par la vibration de sa lumière, le frémissement de ses formes, et sa haute tension spirituelle, semble annoncer quelque radieuse éclosion mythologique:

> « *O fauve amas d'inextricables longues pailles.*
> « *Lumière en floraison dans la lumière. Essor*
> « *D'aurore frissonnante aux flammes des broussailles*
> > « *Fumantes parmi la sueur de messidor.* » (1)

La même haute stylisation caractérise cette inoubliable vision de la « Femme aux Paons »:

> « *Effleurant l'herbe, allongeant leurs queues,*
> > « *Ils vont derrière elle*
> « *Qui disparaît sous les branches bleues*
> > « *Fugitive et frêle.* » (2)

C'est encore ce procédé qui, joint à la précision évocatrice de l'histoire, accorde un relief presque hallucinatoire à ce tableau de la nef revenant victorieuse des « rostres » du tyran.

> « *La foule est au quai, joyeuse: « Ils reviennent! les*
> « *Voici! » Des tapis d'or les mènent au palais*
> « *Suspendre au rude Arès les dépouilles coupées;*
>
> « *Les Sacrificateurs traînent des boucs cornus*
> « *Et des femmes au mur allongeant leurs bras nus*
> « *Croisent des rameaux verts sur le sang des épées.* » (3)

Ainsi, la scène du retour de Cléopâtre:

> « *Le Soleil, à travers le rideau jaune, éclaire*
> « *L'oiseau sacré sur l'Osiris triangulaire,*
> « *Le bœuf rose et l'ibis bleu du Nil et des cieux.* » (4)

---

(1) p. 23. — (2) p. 40. — (3) p. 56. — (4) p. 85.

C'est encore la même stylisation, accompagnée de touches plus ténues et plus fuyantes, que l'on trouve dans ce paysage crépusculaire:

> « *L'ombre odorante où vibre une lueur fleurie*
> « *S'égaye à la brise aux reflets du jour changeant*
> « *Le sillage de l'air limpide est bleu d'argent*
> « *Comme un fond d'eau où le soleil se colorie...* » **(1)**

La voici, alliée à une finesse toute mignarde (Sonnet pour un éventail) :

> « *D'une main si triste mouvante*
> « *Où palpite un éventail noir*
> « *Avec ces plumes au miroir*
> « *Une invisible Eve s'évente.* » **(2)**

Nulle part, elle ne brille d'un éclat plus absolu que dans la série des « Aquarelles passionnées »; elle y coïncide avec une puissance de vision tournée en étonnante finesse. Ainsi, dans « La Danse »:

> « *A travers le brouillard lumineux des sept voiles*
> « *La courbe de son corps se cambre vers la lune*
> « *Elle se touche avec sa chevelure brune,*
> « *Et ses doigts caressants où tremblent des étoiles.*
>
> « *Le rêve d'être un paon qui déploierait sa queue*
> « *La fait sourire sous son éventail de plumes.*
> « *Elle oscille au milieu d'un tourbillon d'écumes*
> « *Et bande l'arc léger de son écharpe bleue.* » **(3)**

On voit, par tous ces admirables exemples, que l'artiste ne sépare jamais l'extrême spiritualité du déploiement le plus prestigieux de lumière, de formes et de couleurs. Ce qu'il atteint aussi parfois, à l'extrême limite de ses recherches spirituelles, c'est tantôt la majesté hiératique, tantôt le style héraldique, tantôt la grandeur fantastique. Hiératisme, ces vierges et ces déesses, leur solennelle immobilité, leur rêveuse posture, le sens mystérieux de leur geste et de leur attitude. Ainsi, Astarté,

---

(1) p. 61. — (2) p. 86. — (3) p. 101.

qui évoque une statue de temple hindou ou assyrien. Héraldi-
ques, ces « Emaux sur or et sur argent » et cette opposition en
lignes coupées et par champs opposés d'or et d'azur, d'ombre
bleue et de blanche lumière Fantastique — d'un fantastique
de légende et d'épopée wagnérienne — cette évocation des
aigles :

> « *Ils marchent, éblouis, couverts de lumière, ivres*
>
> « *De fondre à leur soleil les neiges et les givres*
>
> « *Et d'enfoncer le jour dans le mur crevassé.*
>
> « *Et, voici qu'au dessus des armes et des torches*
>
> « *Beaux, et foudroyant d'or le noir deuil du Passé.*
>
> « *Les aigles blancs passent à travers les grands porches.* » (1)

Toute cette stylisation hiératique ou héraldique des sujets,
toute cette brillante fantasmagorie de couleurs et de lumière,
semble favorisée par la compréhension éclairée des chefs-
d'œuvre de l'Art antique et moderne. Le choix de certains titres
et de certaines épigraphies témoigne du goût de Pierre Louÿs
pour quelques peintures célèbres, comme « *La Femme aux
Paons* » de Besnard et « *Un Port* » de P.-Albert Laurens.
L'œuvre de l'auteur d'*Aphrodite* est, en somme, une justification nouvelle et brillante de la fameuse définition : « *Ut pictura
poesis* ».

La poésie contemporaine inspira, elle aussi, Pierre Louÿs.
On doit citer trois noms qui semblent se contenir mutuellement :
Mallarmé, Hérédia, de Régnier. Henri de Régnier, surtout.
Parnasse et symbolisme conjurés pour ressusciter le divin rêve
hellénique ; pureté d'inspiration marmoréenne où le marbre
parfois, noblement s'anime et palpite, aile frémissante ou
chair idéale ; grave et sereine beauté, souvent dramatisée par
un cri jailli du cœur ; (2) courageuses recherches rythmiques

-----

(1) 52.

(2) Cf. l'admirable pièce intitulée « L'Apogée » d'une beauté
suprême de rythme et de pensée et destinée à chanter dans toutes les
mémoires :

> « Psyché, ma sœur, écoute immobile et frissonne... »

aboutissant à l'expression la plus juste et la plus classique; tous ces caractères séduisants se trouvent chez l'auteur des « Episodes », comme chez le créateur d' « Aphrodite ». Mais, ce qui appartient en propre à Louÿs, c'est une synthèse idéale, un équilibre parfait, une sorte de cristallisation — dans un système rythmique moderne — de toutes les grâces classiques les plus solides. [Ainsi, pour Anatole France, cet écrivain suprême, pour qui la mort a, par un émouvant paradoxe, sonné l'heure de l'injustice]. Derrière les maîtres en idéale plasticité, Gautier et Leconte de L'Isle, avant Hugo, Vigny et Chénier, il y a Corneille, ce créateur de la véritable armature rythmique et Ronsard, ce forgeron de mètres solides et précieux...; mais il y a surtout celui dont Pierre Louÿs a écrit « Voilà le poète! » le divin Virgile, dont il admire le « culmina fumant » et le « saltantes Satyros », « l'homme qui a trouvé ce crescendo « jusqu'à la grandeur presque soudaine du dernier vers à peine « préparé par les deux notes qui s'élèvent... est le même homme « qui, après avoir entendu de pareilles sonorités [car c'est avec « des sons qu'on fait de pareils vers] trouve ensuite ce petit « prodige de consonnes choisies pour peindre en quatre mots « un berger qui danse ».

C'est que Pierre Louÿs possède, à un degré incomparable l'oreille du vers. Il en a le don naturel, la culture raffinée, et — mieux — la science exacte. Pour le modelé vivant, pour la vie organique du vers, pour son idéale adaptation aux nécessités de la respiration, il n'a qu'un rival Paul Valéry. Mais il est aussi un parfait magicien des sons. S'il reste un évocateur prestigieux, apte à tirer d'un mot privilégié — comme le mot « glauque », un véritable sensorium de couleurs et de lumières, un palais brillant d'irisations chatoyantes et dorées; s'il faut reconnaître en lui, un styliste novateur, maître de l'épithète rare, renouvelée par sa valeur abstraite et concrète — comme par sa place avant et après le substantif.

la phalange

« *Où luit l'astral chaton révélateur d'amour.* »

« *Sous vos pas créateurs les roses de la nuit.* »

« *O fauve amas d'inextricables longues pailles.* »

s'il sait ciseler une neuve et profonde métaphore :

les nefs

« *Légères au rythme des coups d'aviron brefs,* »

« *Longs paons noirs, soulèvent l'écume en larges roues.* »

s'il est parfois le plus curieux des « impressionnistes »

« *L'ocre éclatant des rocs sur la mer bleue ailée* »

« *Sombre de lilas clair à l'aurore en éveil* »

« *Dans le port ébloui d'azur et de soleil* »

« *Qui pavane l'orgueil de sa queue ocellée.* »

si certaines alliances colorées trouvent en lui un admirateur fervent, [comme celles de la Vénus du marais, qui confondent l'or, l'argent et le vert sombre des eaux] c'est au prestige des sons qu'il doit le côté le plus merveilleux de son inspiration poétique. Soit, à titre d'exemple, le poème intitulé « Funérailles » :

« *Les souvenirs de l'être et du jour et du bruit* »

« *Se perdent, vieux voiles oubliés par leur âme* »

« *Le cœur, rose de glace aux doigts d'Elle, réclame* »

« *Le crêpe en lourds flots noirs des longs deuils de la nuit.* »

« *Il se meurt d'une envie éternelle et tranquille.* »

« *Sa vision descend dans l'hiver immobile* »

« *Descend, neige et l'ensevelit de lins ailés.* »

« *Extase qui revient des étoiles heureuses* »

« *Suivre dans les déserts vers les lieux révélés* »

« *Le silence mortel mené par les pleureuses.* »

---

(1) p. 64.

Il est impossible ici de ne pas évoquer Mallarmé, pour la sérénité presque vaporeuse de la vision, la hauteur délicate du symbole, l'art de conférer à la moindre syllabe la plus forte valeur de suggestion. Mais ce qui semble chez Mallarmé incantation pure, vague appel aux suprêmes puissances, devient, chez Louÿs, sûre démarche et lucide calcul. N'est-ce pas grâce au pouvoir de l'oreille, et de tous les subtils points de repère qu'elle seule est capable de fournir?

L'harmonie imitative, par allitération, est très fréquente dans cette œuvre poétique. Par exemple, dans ces vers:

« *Conquérir la montagne aux cris des corybantes.* »
« *Hurlez, trompes de fer, cors noirs, cornes d'aurochs!* »
« *La mer bruit et brille autour de la Sirène.* »
« *Ressuscite, Adoré qu'Elythris allaita!* »

La pièce intitulée « Chrysis » (p. 11) n'est qu'un jeu d'allitérations.

Les combinaisons des muettes finales, suprême ressource de la prosodie française, sont exploitées aussi avec autant de hardiesse que de sûreté:

« *Fendant la mer, trouant l'onde, dressant leurs proues,*
« *Les trières sur les hauts flots glauques, les nefs*
« *Légères au rythme des coups d'aviron brefs,*
« *Longs paons noirs, soulèvent l'écume en larges roues.* »

Peut-être, nul artiste du vers ne pratique — avec autant de suite et de maëstria que Louÿs, les alliances précieuses de valeurs phonétiques diverses. Il connaît la fluidité vibrante des liquides, l'appel sourd ou sonore des muettes, l'art d'arrêter, de poser la résonance ou de la faire vibrer à l'infini. Nous avons, sur ce point délicat, son propre témoignage: « *Faire bondir le* » *rythme par l'R, par l'L, par les doubles consonnes qui*

» *vibrent, qui sifflent. Le rompre et l'abattre au souffle d'une*
» *muette, s'il faut qu'il retombe ou qu'il rebondisse.* » (1)

Quand il s'agit de l'art de placer les mots, de donner une
vie nouvelle à une phrase, par les plus simples et les plus subtiles
ressources de la ponctuation, Louÿs est presque inimitable.
Ses préceptes, là encore, sont formels: « Placer le mot, c'est
écrire ». « Le plus pur est-il le plus humble méconnu sous une
« loque usée? Premier secret du style, ensorceler une loque,
« à la juste place où elle tourbillonne et colore tout à coup sa
« métamorphose .» — « Percevoir que le rythme n'est pas
« seul touché, mais que d'obscures sonorités s'éclairent, si la
« plume insinue, avec tact, une virgule. »

La virtuosité de l'artiste atteint, dans le rejet, son plus haut
période:

> « *Qu'on déserte la ville! que nul ne rallume*
> « *L'autel! nous laisserons à tout jamais, ce soir,*
> « *Les dieux horribles de la terre, et dans le noir*
> « *Nous partirons, suivis par un frisson d'écume...*
>
> « *La foule est au quai, joyeuse: « Ils reviennent! les*
> « *Voici! » Des tapis d'or les mènent au palais*
> « *Suspendre au rude Arès les dépouilles coupées.* »

Dans le domaine de la prosodie pure, Pierre Louÿs, qui a
rendu au vers classique un suprême éclat, sait faire appel aux
grâces verlainiennes du mètre impair. On trouve, en effet, le
« neuvain » cher à Charles Maurras.

> « *L'encens, les parfums bleus, les prières,*
> « *Ont lassé d'ennui tes yeux sacrés.*
> « *Vierge, entends-moi, de tes fleurs de pierre.* »

―――――――――

(1) A noter la dilection de l'auteur pour certains mots harmonieux
comme « taciturne » et « nocturne », si fréquents dans ses vers (p. 20,
32, 35, 37, 43, 53, 63, 101), etc...

13

Il le fait aussi alterner avec l'octosyllabe.

> « *Sous la dalmatique bleue et blanche*
> « *Elle a passé, les bras tendus*
> « *Laissant pendre au fil de sa hanche*
> « *Les écharpes d'ombre, à flots perdus.* »

avec le pentasyllabe :

> « *Des paons légers suivent une femme*
> « *Sur le bleu d'un rêve*
> « *Une blancheur, un épithalame*
> « *De plumes s'élève.* »

Pierre Louÿs pratique aussi le vers de quatorze pieds, illustré par Céard. Il fait, de ses éléments, une si habile répartition, qu'on a parfois l'illusion de l'alexandrin :

> *Et tristement, avec des nonchalances désolées*

Il a aussi, dans « La Nuit » usé de deux assonances à la place de rimes [en a (oi) et u] :

> « *C'est l'argent bleu qui luit sur les lacs*
> « *Dans le crépuscule de la lune*
> « *C'est l'encens rare et l'irréel nard*
> « *Saphir et lapis d'eau et de brume.* »

*
* *

Dans les dernières poésies de Pierre Louÿs, sonnets mythologiques idéalement stylisés, le talent est sans exagérer — prodigieux. Il atteint la perfection, par un choix, un dépouillement, une concentration suprêmes. Une profusion de traits incisifs, de sonorités hallucinantes, de sensations aiguës. Ici, choisir est impossible. Le poète qui disait : « Mais, apprentis sorciers, gardez-vous des forces. Aux imprudents l'ellipse casse », écrit dans une ellipse continue. Comme il use aussi d'autres figures, avec tact et autorité — convaincu que « rien de plus leste que la « syllepse, ni de pire escalade que la gradation », et que « tout « art émane de l'hypallage, alternance où l'idée prend forme « et d'où la matière prend vie ». C'est surtout dans ses derniers

sonnets que Pierre Louÿs est un grand classique. Classique?
Nul, pourtant, n'a vitupéré plus fortement que lui les *Arts poéti-*
ques d'Horace et de Boileau. « Elle est abominable, l'*Epître*
» *aux Pisons*. C'est un *Manuel Roret*, on croirait qu'il
» (Horace) donne des conseils à un manufacturier. Ce qu'il y
» a de pire chez Boileau, et ce qui a stérilisé la poésie française
» de 1690 à 1820 (Chénier excepté) vient de là. »

« La thèse est: choisis le sujet. Faites votre plan, Restez-
» y. Pas d'imagination. C'est comme cela qu'il faut parler aux
» entrepreneurs de construction; ne dépassez pas le devis. »

Sous ce brillant paradoxe, on reconnaît le véritable classique — le classique de génie — l'antipode des imitateurs et
des survivants du classicisme, bref l'humaniste complet. On doit
noter aussi l'homme qui parle de la Poésie avec un respect
quasi religieux:

« Croire en la Muse. Lui offrir le silence et la solitude
« Espérer sa grâce »... « Prendre conscience de la voix
» supérieure. Ecouter longtemps... Sans répondre... Jamais de
» plan... C'est la pensée toute vivante qui dicte le style
» immortel. »

Pierre Louÿs craignait la retouche « Vers ou proses, les
» poèmes sont des créatures et qui vivent et qui sont pleines
» d'organes, et qui souffrent d'un mot coupé... » Mais son
scrupule de perfection l'a poussé à renouveler quelques-uns de
ses thèmes.

Voici, à titre d'exemple curieux, les variantes de la fin du
sonnet: « L'Aube de la Lune » (p. 121). (1)

> « *Le bruit des palmes doux comme la pluie en mer.*
> « *Verse une onde altérée à la ferveur de l'air;*
> « *Tout ruisselle et se perd goutte à goutte... Respire.*

(1) La première rédaction, de 1892, nous a été révélée par le
Capitole, numéro spécial Pierre Louÿs, août 1925. — La seconde, de
1894, a paru dans le *Mercure de France*, octobre 1894. — Les
Poésies de Pierre Louÿs (chez Crès) reproduisent la première version.

« *Stulcas, la nuit est pure, et sur le ciel plus clair*
« *Notre bouc irrité par le vol du vampire*
« *Se cabre dans l'orgueil d'échapper à la nuit.* »

(1892)

Le bruit des palmes doux comme la pluie en mer
Tombe et coule sur les bras nus des nymphes. L'air
Tremble, invisible vol de fraîcheurs fantastiques.

Tout dort, un crapaud rond plonge dans l'étang clair.
La corne du satyre, hostile aux troncs antiques
Se détourne du bois et se heurte à la nuit.

(1894)

Il faut saluer, en Pierre Louÿs, un des artistes les plus fervents et les plus profonds, qui aient jamais existé; mais aussi une âme sensible et un peu farouche. Après la Poésie, ce qu'il aima peut-être le plus, ce fut la fierté :

« *Choisis ce que tu hais comme ce qui t'embrasse.*
« *N'étreins pas d'ennemis sans beauté. Reste fier*
« *Le Titan peut toucher du pied Dzeus qu'il terrasse*
« *Adore entre tes doigts le souvenir d'hier.*

. . . .

Solitude à jamais. Et mystère. Sois l'Arbre
Sans nom. Mais pour ceux-là qui respectent les nuits,
Apparais tout vivant plus ferme que ton marbre
Le premier qui fut Dieu savait dire: « Je suis. »

Peut-être trouverait-on, dans cette demi-solitude de chercheur fervent et d'érudit passionné, le grand secret du talent de Louÿs...

André JEANROY.

LES TRADUCTIONS
DE PIERRE LOUŸS

Pierre Louÿs, à vingt ans, s'essaya dans le genre où l'évêque d'Auxerre, Jacques Amyot, se rendit célèbre: il traduisit Méléagre de Gadara et Lucien de Samosate.

Tout en composant ses précieux poèmes d'*Astarté*, il lisait passionnément l'*Anthologie*. Il s'éprit d'un poète qui vivait au début du premier siècle avant l'ère chrétienne, un syrien, dont on ne connaît que le nom grec, Méléagre. Les *Poésies de Méléagre* (1) « rassemblées pour la première fois en français » par Pierre Louÿs, sont « dédiées à un poète lyrique »; suit la dédicace, en caractère grecs, à José-Maria de Heredia. L'auteur des *Trophées* était bien désigné pour recevoir un tel hommage: il avait, lui aussi, pratiqué l'*Anthologie; ses Epigrammes et Bucoliques* en témoignent. Le joli sonnet *Epigramme funéraire:*

Ici gît, étranger, la verte sauterelle

s'inspire de deux pièces de Méléagre: *A une sauterelle* et *A une cigale;* outre le sujet, c'est à elles qu'il doit ses plus belles images: *pied dentelé, — lyre naturelle, — muse des guérets.*

Méléagre n'était d'ailleurs pas un inconnu dans la littérature française: Sainte-Beuve, dès 1845, lui avait consacré une étude (2) dans la *Revue des Deux-Mondes*, et Paul de Saint Victor en avait parlé avec éloges dans son livre: *Hommes et Dieux* (1867).

Les *Poésies de Méléagre* publiées par Pierre Louÿs

---

(1) L'édition de 1893, tirée à 525 exemplaires, est épuisée.

Une réédition de grand luxe, illustrée de quinze eaux-fortes originales d'Edouard Chimot, et tirée à 135 exemplaires, a été faite en 1926, chez Devambez. — Les *Editions Montaigne* (Paris, 2, Impasse Conti) vont commencer la publication des *Œuvres complètes* de Pierre Louÿs (en douze volumes) par *Les Poésies de Méléagre.*

(2) Reprise dans ses *Portraits contemporains et divers*, tome III, 1846.

en 1893 dans la collection *A la Sphynge* de la « Librairie de
l'Art Indépendant », sont au nombre de cent; — il en avait
traduit 131, sur les 144 qu'on attribue au poète syrien. Louÿs
prenait soin de dater ses manuscrits d'une façon très précise:
« Traduit du 27 octobre au 13 novembre 1891 », note-t-il sur
celui de Méléagre. Le petit livre débute par une *Vie de
Méléagre* (écrite, elle, le 26 février 1893), qui est charmante:

« *Méléagre naquit dans une cité blanche et verte, parmi
les palmiers, les eaux vives, à Atthis, nous dit-il. Or il ne s'appelait pas Méléagre, et Atthis est une ville qui n'a jamais existé.*

*Il était syrien, il était israélite, comme Heinrich Heine, à
qui il faut le comparer. On pense qu'il se convertit de bonne
heure aux belles déesses de l'Hellas...* »

Je ne sais si Méléagre était réellement israélite: syriens et
juifs se ressemblent beaucoup; de races voisines, ils vivaient en
bonne intelligence en Syrie. Notre poète aima, entre beaucoup
d'autres femmes, une jolie juive « aux joues blanches », Démô;
« jusque dans les froids sabbats, nous confie-t-il, on rencontre
le brûlant Amour! » Il passa la plus grande partie de sa vie
à Tyr, et ne se retira que dans sa vieillesse en l'île de Cos, où il
mourut.

Méléagre n'avait laissé à personne le soin de rédiger son
épitaphe: il s'en était composé quatre, en vers. Comme il vivait
dans un pays de races mélangées, il prit soin de saluer le visiteur
de sa tombe en plusieurs langues: « Si tu es syrien, *salam!* Si
tu es phénicien, *audoni!* Si tu es grec, *khaïré!* Dis-en
autant!... »

Il semble qu'il ait eu à défendre son origine *barbare* dans
le monde grec qu'il fréquenta: « Je suis syrien: pourquoi t'en
étonner? Nous habitons, ô étranger, une seule patrie: le monde.
Un seul chaos a engendré tous les mortels. »

Trois siècles plus tôt, un cynique, Diogène de Sinope, à
qui l'on demandait de quel pays il était, n'avait-il pas déjà
répondu: « Citoyen du monde! »

Le fondateur de cette secte des Cyniques était Antisthène d'Athènes: comme on soutenait devant lui que la guerre avait du bon, puisqu'elle emportait les misérables: « Vous vous trompez, interrompit-il; elle en fait plus qu'elle n'en emporte!... »

* *

La traduction des *Dialogues des courtisanes*, de Lucien, suivit d'un an celle de Méléagre. Elle fut faite en août-septembre 1892, à Phantasie bei Bayreuth, et parut en 1894, à la Librairie de l'Art Indépendant sous ce titre: « *Scènes de la Vie des courtisanes* », de Lucien de Samosate. (1)

« *Lucien*, nous dit Pierre Louÿs dans sa Préface, *naquit en Syrie, comme Méléagre, comme Philodème, comme tant d'autres à qui une lignée asiatique, avouée ou clandestine, a transmis le don de la grâce avec l'instinct si particulier qui fait pressentir en toutes choses une volupté latente et promise.* »

La vie de Lucien emplit presque tout le second siècle de notre ère. C'était un grand voyageur: il parcourut l'Asie Mineure, la Grèce, les Gaules, l'Italie, et se fixa à Athènes. Il a beaucoup écrit; et, par un heureux hasard, ses œuvres nous sont parvenues presque en leur totalité. C'est un sceptique et un satirique, il bafoue les crédulités et raille les croyances. Ses *Dialogues de Courtisanes* sont véritablement de petits chefs-d'œuvre d'esprit et de grâce légère. En quinze tableaux, il fait passer devant nos yeux la vie des courtisanes d'Athènes, qui est aussi celle des courtisanes de tous les pays et de tous les temps. Car « *l'admirable, nous dit Pierre Louÿs, c'est que le lecteur reconnaît, après deux mille années, et dans un monde*

---

(1) Réédité en 1899 au *Mercure de France* (*Mimes des Courtisanes*, de Lucien), et en 1902, chez Borel (*Scènes de Courtisanes.*) — Une nouvelle édition, *Mimes des Courtisanes*, avec fac-similé d'autographe de Louÿs et quelques pages inédites: *Causerie, Les Courtisanes de Corinthe, Lucien et notre argot*, vient de paraître aux Editions Montaigne (Paris, 2, impasse de Conti).

si lointain, TOUS les personnages de ces d'alogues, sans en excepter le moindre. Rosalinde et Orgon portent encore la marque du temps qui les a vu naître. Ici, rien n'a vieilli: les femmes sont de Forain, les hommes de Gyp: ils nous ont parlé, sinon dans la vie courante, au moins entre les pages des livres les plus récents... »

Par ces traductions, Pierre Louÿs préludait à ses œuvres originales: à ces exquises *Chansons de Bilitis*, qu'il allait présenter comme encore « traduites du grec »; à ces admirables contes du *Crépuscule des Nymphes* (*Léda, Byblis, Ariane, Danaé...*) qui ne devaient être réunis en volume qu'à la veille de sa mort; et au roman qui bientôt le rendit brusquement célèbre: *Aphrodite*.

Le premier livre de Pierre Louÿs porte le nom de la déesse syrienne de l'amour: *Astarté*. Les deux écrivains grecs qu'il traduit, Lucien et Méléagre, sont des syriens. *Aphrodite* se passe à Alexandrie: l'héroïne, Chrysis, née sur les bords du lac de Génésareth, est juive. Bilitis, fille d'une phénicienne et d'un grec, vit le jour en Pamphilie... Bien plus que par la Grèce, Pierre Louÿs est séduit par l'Orient, patrie originelle de l'Art et de la Volupté. En tête de ses *Poésies* qu'on vient de réunir en volume, j'aurais aimé lire ces belles lignes qu'il écrivit jadis pour un recueil de morceaux choisis: (1)

« *La poésie est une fleur d'Orient qui ne vit pas dans nos serres chaudes. La Grèce elle-même l'a reçue d'Ionie, et c'est de là aussi qu'André Chénier ou Keats l'ont transplantée parmi nous, dans le désert poétique de leur époque, mais elle meurt avec chaque poète qui nous la rapporte d'Asie. Il faut toujours aller la chercher à la source du soleil.* »

Les versions de Pierre Louÿs sont des *traductions littérales*, lui-même l'indique expressément en 1re page. Chaque mot

---

(1) Reproduites en fac-similé d'autographe dans l'Anthologie des Poètes français contemporains, par G. Walch. Tome III, 1910. (Paris, Delagrave.) Reprises dans *Pages choisies* (éditions Montaigne).

grec est rendu par son équivalent français; et leur disposition dans la phrase traduite reste, autant que possible, la même que dans l'originale. Il en résulte, surtout dans les traductions de poèmes, des inversions qui déroutent le lecteur non averti. Il faut pourtant reconnaître que c'est le seul moyen de donner une idée exacte d'un texte. C'est, poussé à l'extrême, le procédé de Leconte de Lisle. De même que l'auteur des *Poèmes Antiques*, Pierre Louÿs se refuse à franciser les noms propres: il les orthographie à la grecque: Dzeus, Aïdès (ou Aïdas), Héphaïstos, Psykhé, les Kharites, etc...

En fait, la poésie, expression pure du génie d'une race, est chose essentiellement nationale: traduite dans une autre langue, elle perd son charme. On en donnera bien le sens; mais le rythme, la combinaison des sons, la musique du vers?... Essayer de rendre l'hexamètre grec par notre alexandrin nécessiterait d'abord d'être, non un versificateur, mais un poète. Et quel poète s'astreindrait à ce travail? Albert Samain écrivait le 30 janvier 1894 à son ami Paul Morisse:

« J'ai la positive horreur des traductions versifiées. Je ne connais pas de pire besogne au monde que celle de disloquer péniblement une pensée toute faite et complète, pour la coucher sur ce lit de Procuste de la Métrique. Tout ce qui est la raison d'être de la Poésie, c'est-à-dire l'invention, la fièvre de l'intuition, la divine débauche d'imagination, disparaît, s'abolit, s'anéantit. Reste un travail de jeu de patience, qui, si on veut le faire consciencieusement, a de quoi vous rendre fou. J'ai dit *consciencieusement;* tout le problème est là. Il faut opter: ou soi, ou l'autre. »

Une traduction versifiée sera forcément inexacte: pour arriver à faire le vers, on ajoute au texte ou on y retranche. C'est pourquoi je préfère, de beaucoup, l'*Iliade* et l'*Odyssée* en prose de Leconte de Lisle, grand poète, à l'*Odyssée* et à l'*Iliade*, en vers (même blancs!) de M. Victor Bérard, qui, lui, est un grand savant!

14

— 106 —

*
* *

Sous le titre de *Lectures antiques*, Pierre Louÿs publia encore dans le *Mercure de France*, en 1897 et 1898, plusieurs traductions, notamment:

Aristophane: les Chœurs de *La Paix.*
Aristophane: *Les Femmes assemblées*, scène I.
Pindare: *Les douzièmes Pythoniķées.*
Les Poésies de Nossis.
Et un fragment de l'*Histoire secrète* de Procope: « La jeunesse et le mariage de Théodora. »

*
* *

Jusqu'à la fin de sa vie, Pierre Louÿs continua de s'intéresser aux écrivains anciens; s'il ne les traduisait plus, il ne cessait de les relire.

Lorsque je publiai une version française des *Epigrammes de Léonidas de Tarente*, j'en adressai un exemplaire à Pierre Louÿs. Je ne tardai pas d'en recevoir la réponse que voici:

11 *décembre* 1906.

Monsieur,

Je vous remercie du bel exemplaire que vous m'avez envoyé de votre Léonidas, et j'ai eu grand plaisir à relire dans votre belle traduction ces courtes pièces que je n'ai jamais cessé d'aimer comme des chefs-d'œuvre. Il vous a fallu un certain courage pour entreprendre ce travail agréable et ingrat, car il est presque impossible de faire sentir en français les charmes de l'original. Quand vous traduisez, par exemple, ἡδὺν συρίστηρα *par « douce flûte », vous sentez bien que vous n'écrivez pas ce qu'a voulu dire Léonidas: il parlait d'une flûte qui devient une flûtiste, et vous donnez un nom d'instrument à ce qui est pour lui presque un nom d'oiseau. Mais si vous me demandez comment j'aurais traduit à votre place, je ne trouverai rien à vous proposer. Notre langue s'adapte assez bien aux images toutes faites de Rufin ou de Paul le Silentiaire, mais les délicatesses de Léonidas lui échappent.*

Votre version est néanmoins très grecque et beaucoup plus jolie que celle de Félix Dehèque, dont vous avez senti certainement toute l'imperfection. N'avez-vous pas ajouté une ou deux épigrammes au texte? Il me semble en avoir vu quelques-unes que je ne connaissais pas. Peu importe. L'ensemble est charmant, et je vous prie d'agréer, Monsieur, mes plus sincères félicitations avec l'assurance de mes sentiments sympathiques.

Pierre LOUŸS.

Une telle lettre, d'un tel Maître, n'est-elle pas la plus belle récompense à laquelle puisse prétendre un jeune traducteur?

Jules MOUQUET.

TABLE

Achevé d'imprimer le 15 mars 1928 sur les presses
du MERCURE de FLANDRE, Valentin Bresle,
directeur.

Cet ouvrage, le quatrième de la collection
LES HOMMAGES du MERCURE de FLANDRE,
— le premier étant l'hommage a Albert Samain
le second, les « quatorze sonnets » de Théo Varlet,
le troisième, les « poèmes choisis » d'André Lebey, —
a été tiré a deux cent vingt-six exemplaires, sur
papier vergé d'Arches, comme suit :

vingt-six exemplaires, numérotés de A a Z,
hors-commerce,

et deux cents exemplaires, numérotés de 1 a 200.

exemplaire N° H